王朝的家底

从经济学角度看中国历史

波音◎著

群言出版社
QUNYAN PRESS
·北京·

图书在版编目（CIP）数据

王朝的家底：从经济学角度看中国历史 / 波音著
. -- 北京 ： 群言出版社，2016.4（2019.11 重印）
ISBN 978-7-5193-0094-4

Ⅰ. ①王… Ⅱ. ①波… Ⅲ. ①金融—经济史—中国—古代 Ⅳ. ①F832.92

中国版本图书馆 CIP 数据核字（2016）第 080035 号

责任编辑：杨　青
封面设计：WONDERLAND Book design 仙境设计

出版发行：群言出版社
地　　址：北京市东城区东厂胡同北巷 1 号（100006）
网　　址：www.qypublish.com（官网书城）
电子信箱：qunyancbs@126.com
联系电话：010-65267783　65263836
经　　销：全国新华书店

印　　刷：北京柏力行彩印有限公司
版　　次：2016 年 9 月第 1 版　2019 年 11 月第 6 次印刷
开　　本：710mm × 1000mm　　1/16
印　　张：14.5
字　　数：180 千字
书　　号：ISBN 978-7-5193-0094-4
定　　价：36.00 元

卷首

国之大事

管窥历史，就如同在转动一支万花筒，每转过一个角度，欣赏到的是不一样的绚丽，这正是历史让人沉迷的魅力之处。同时，面对同一个角度，也即同一个历史事件，不同的人却会有不同的解释。

比如说关于政权的根本，《左传》说道：“国之大事，在祀与戎。”祭祀祖先和守土开疆，的确是一个国家非常重要的两件大事，前者让国民拥有共同的信仰，后者给国民带来安全感。而在以孔子为代表的儒家圣贤那里，礼乐才是国之根本，当礼崩乐坏之日，就是国家将要灭亡之时。

然而，即使是王侯与圣人，也是要吃饭穿衣的。没有衣食的保障，他们所强调的祭祀祖先、攻防军事、礼乐文化都无从谈起。在古代社会，与军事、祭祀和礼乐这些国之大事相比，钱与粮是更为底层、更为本质的国之大事。

粮食的生产受到自然条件比如气候和土壤的强烈影响，同时耕种者的勤劳进取也会带来更好的收成，比如通过培育和引进新的农作物品种，通过改良农具，来达到粮食增产的目的。粮食的消费则与人口数量息息相关，粮食产量的增加促进了人口数量的增加，在古代社会，特别是冷兵器时代，人口数量是衡量国力强弱的重要指标。人口减少和饥民遍野，会让一个曾经强盛的王朝陷入不稳定的危局。

中国古代的钱主要是铜钱和白银，古代经济的发展受到这些金属货币供应量的强烈影响。当经济总量扩大的时候，王朝管理者渴望有与之相配的货币供应量，要么想办法提高金属货币的供应量，要么采用其他一些有价证券，比如纸币或者盐引来作为货币等价物。金属货币的短缺曾经令许多王朝的财政痛苦不堪，有的王朝不惜铤而走险，用劣质货币或泛滥的纸币来度过危机，最终不过是饮鸩止渴。

本书从钱粮等经济学的视角来观察中国古代历史的发展脉络，希望在历史的王侯将相、善恶忠奸等视角之外，从经济学的基本规律出发，提供给读者一些关于历史的新颖解读。如果读者在读完本书后，能够对古代王朝的国之大事有新鲜的认识，这将是笔者最大的幸福和快乐。

自从工业革命以来，世界范围内许多国家的经济发展模式都与古代不同了，中国也不例外。虽然现代世界已经进入了全球整体上粮食过剩和纸币飞舞的新时代，但古代那些决定国之大事的经济规律并未完全过时。

如果我们把古代的粮食、盐等物资替换成现代的矿产等资源；把古代的铜钱和白银构成的金属货币体系替换成现代以国家信用为依托的复杂的金融系统，那么现代各国政府的家底，其实和古代王朝的家底有共通之处。最近一些年来全球经济深陷泥潭难以自拔，究其原因，是此前过高的金融杠杆率脱离了各国家底的实际情况，此情此景与中国古代一些王朝脱离家底基础，滥发劣币和纸币的行为，似曾相识。国之大事，不可儿戏。

所以，本书虽然谈论的是古代历史的钱粮故事，古代王朝的仓廪虚实，并不涉及现代社会，但如果读者能够通过阅读，对理解当今世界经济有所裨益，这会让本书具有了一点点现实的意义，笔者深感荣幸。

感谢在本书出版过程中给予帮助的人们，包括群言出版社的编辑和相关制作人员，为本书撰写推荐语的各位师长，我的家人和朋友们。同时，也感谢对历史有杰出贡献的历朝历代的人民。

波音

2016 年 3 月于北京天通苑

目录

第四篇 争霸西域不为钱

第五篇 三国群雄斗地主

第六篇 大运河打通王朝经脉

第七篇 别说宋朝不差钱儿

第一篇

三千年的粮仓保卫战

只有读懂了中华大地上的粮食，我们才有可能真正读懂中国的古代历史。

有了粮食，才有人口，有了人口，才有税收。古代中国最大的经济秘密是，税收大多来自农民，亿万个自耕农上交的钱粮支撑起了中央王朝。

用狗尾巴草填饱肚子

要读懂中国历史，我们得从了解狗尾巴草开始。狗尾巴草和粮食能扯上什么关系？其实人类驯化的各种农作物，不论是麦类、粟类、稻类，还是其他粮食作物，大都属于禾本科，而禾本科植物中还包括了大量的野草。说句玩笑话，我们现在不是在吃饭，而是在“吃草”。

狗尾巴草是中国古代一种重要的农作物——粟的祖本植物，中国古代人驯化狗尾巴草的历史可以追溯到近万年前。粟，按照我们现在的通俗说法，就是谷子，我们早晨喝的香甜的小米粥就是用粟做的。反过来说，狗尾巴草是粟的野生种，也叫莠，在刚长出来的时候和粟的幼苗很难区分，所以我们的词典里有“良莠不分”的说法。

粟、黍和菽，是先秦时期中国古代最重要的农作物，它们的现代说法分别是谷子、黄米和大豆。从读音上看，这三种作物名称很相近，为什么古人会如此称呼这些农作物，是件有趣而令人费解的事情。三种作物最重要的相同之处是它们都是耐旱和耐贫瘠植物，而且生长期又比较短，非常适合中国北方旱地种植。而且，先秦时期农业技术很原始，可谓是刀耕火种，所以这三种非常皮实的作物就率先从百草中脱颖而出，被古代中国人筛选出来，作为当时的主要食物。

夏朝和商朝曾被人们称为“粟文化”的王朝，可见这种家养狗尾巴草的重要地位。不过，当时人口还比较少，人口密度很低，天底下有大片大片的原始森林和沼泽，人们可以获得的食物来源是相当多的。有人统计过先秦的诗歌集《诗经》，305 篇诗歌中，有 141 篇 492 次提到动物，144 篇 505 次提到植物，许多动植物都是当时人们的食物。就拿《关雎》一文来说，就有“参差荇菜，左右采之”的句子。所谓“温饱思淫欲”，吃不饱肚子，怎么能有力气唱歌弹琴追美女呢？

这种田园诗般的时代注定要远逝，就像童年很美好，但终究要流逝一样。随着人口数量的增多，人们必须开垦更多的荒地，专门种植那些产量比较大的作物，以满足大量人口的食物需求。

这其实就是有名的马尔萨斯人口论中的观点，人口数量是以几何级数上升的，1、2、4、8、16……而从环境中获得的粮食和其他生活必需品的数量，是以算术级数上升的，1、2、3、4、5……人口总是增长得更快，英国这位经济学家悲观地认为，只有战争和疾病才能干掉多余的人口，解决人口和资源之间增长速度不一致的矛盾。

但是，如果打不赢别人，抢不到更多的地盘；又没有暴发瘟疫，非战斗减员 80%，人们总不能像北欧的旅鼠那样，在鼠口爆炸的压力下纷纷跳海自杀吧？尤其是土地变成了私人财产之后，人口和资源的矛盾更加突出了。除非远遁山林之中，否则人们必须琢磨，在自己有限的土地上如何获得更多的粮食，装满自己的粮仓。

在古代的农业社会中，人口数量的上限其实掌握在农作物的手中，农作物产量的高低，决定着人口数量的多寡。面对一张张嗷嗷待哺的嘴，粟已经越来越力不从心了。

西方的小麦改变了东方的历史

就在这时，小麦横空出世，以其良好的口感和稳定的产量，席卷了中国北方地区，各地农民纷纷成为小麦的狂热粉丝，扩大小麦的种植面积，减少其他作物的种植面积。

然而，小麦却不是我国人民驯化的作物，它的故乡在遥远的西亚，那里也是人类最早的农业起源地之一。

小麦诞生于亚洲大陆的西海岸中纬度地区，那里是一种特殊的气候——地中海气候的势力范围，冬季温和多雨，夏季炎热干燥。所以，那里的夏季对于植物生长是严峻的考验。为了熬过夏季，野生小麦进化成了一年生植物，让自己的种子在冬季来临之前萌发，以幼苗的形式过冬，到了春季迅速生长，开花结实，等到夏季到来时，野生小麦已经死掉，留下种子在土壤里休眠，等待秋冬季节的再次来临。

大约在 8000 年前，西亚的人民获得了今天栽培最广的普通小麦这个物种。那时候的人们获得一种新的农作物的喜悦之情，不亚于我们今天获得一部新款苹果手机的感觉。所以，普通小麦的种子迅速地从西亚向四周蔓延。

小麦到达中国的时间不详，不过我国境内最早的小麦遗物，是在新疆孔雀河畔的古墓沟墓地里发现的，在古墓的一个草编的小篓中装着小麦作为随葬品，距今已经有 3800 年的历史。当地遗址中还发现了大型磨麦器。新疆的发现提醒我们，小麦很可能是从西亚经过新疆地区传入我国北方的。史书上也曾经记载，周穆王西巡，与西王母约会的时候，沿途部落纷纷向周穆王进献小麦，可见当时小麦已经是全亚洲人民的“大众情人”。

不过在商、周时期，小麦在人们心目中的地位还不如粟，在宗庙祭祀的时候，以粟为尊贵之物，这很可能是因为小麦当时在中国北方还“水土不服”。让我国古人烦恼的是，小麦是适应地中海气候的农作物，而我国北方却是温带季风气候，春季较为干旱。因此要种植小麦，就需要春季有充足的灌溉。水分不足的情况下，小麦的产量与粟相比也就没什么优势了，但在水分充足情况下，小麦的产量立刻把粟远远地甩在后面。

大规模灌溉系统的修建，需要强大的社会组织能力。因此直到战国时期，当时的国家力量才发展到可以动员大量人力兴修水利的程度。也正是在战国时期，小麦逐渐成为各国粮仓中的重要部分，特别是在秦国。

战国七雄之中，秦国位于西方，从地理上看，靠近西域，所以当地接触到小麦这种作物的时间必然很早。而且，秦国拥有渭河冲积形成的关中平原，这里的气候和水文条件非常适宜种植小麦。粟麦轮种，让秦国四季粮仓充实。所以秦国最后做大，统一天下，是有着优“粮”基础的。正所谓“兵马未动，粮草先行”，无论秦国的军队有多彪悍，让他们饿几天肚子就没有战斗力了。战国后期秦军能够连年作战，经济基础应该是关中平原出产的小麦。

我国农学家在战国末期的《吕氏春秋》中找到了一句话："孟夏之昔，杀三叶而获大麦。……日中出，豨首生而麦无叶，而从事于蓄藏。"这里的"孟夏之昔"是指农历四月下旬，"日中出"则是夏至。既然在农历四月下旬已经收获了大麦，那么夏至时才"无叶"的"麦"就肯定不是大麦，而是小麦。这个描述也符合小麦的生长规律。也就是说，战国的人们对小麦是很熟悉的。

西汉的司马迁对秦国与粮食的关系看得很清楚，他在《史记·货殖列传》中谈到，秦国所处的关中地区，土地不过天下的三分之一，民众也大抵如此比例，但就其富庶程度来看，却达到了天下总量的60%。所以到了汉朝，国家的管理者非常重视关中平原，还有关中平原上的小麦。西汉的许多农学家兼官员就力挺在关中平原上大力推广小麦种植。汉代以后，政府大力修建水利工程，改善了离河较远的旱地的灌溉条件，小麦日益普及开来，把麦粒磨成面粉食用的"粉食"法也在中国北方传播开来。因此，面食文化是在西汉以后才在中国北方流行的。

在经历了秦末的战争和汉初吕后专权的动荡岁月后，到汉文帝和汉景帝期间，西汉迎来了所谓的"文景之治"。《汉书》记载，当时国家的粮仓逐渐丰盈，新粮压在旧粮上面，一直堆积到了粮仓的外面；国家的库府里积攒了大量的铜钱，由于多年不用，穿钱的绳子烂掉了，散落在地上的铜钱数不胜数。

后人评价文景之治，大多归功于战乱平息后政治稳定、皇帝以身作则勤俭持家、减轻农民的赋税徭役等因素。这些解释固然都有道理，但我们应该关注更为主要的一个原因，那就是小麦的广泛种植。中国各王朝的根基是农民，虽然农民也有许多种，有自耕农，有佃农，有农奴，但就古代中国来说，农民中的主力军是亿万小自耕农。如果这些自耕农的土地上的粮食产量很低，仅能糊口，根本交不出皇粮，即使皇帝再勤俭节约，以德治天下，一分钱掰成两半花，恐怕也没有多少税收能够存留下来。正是因为文景时期，借助着和平年代的到来，在全国范围内大力推广产量超过其他作物的小麦，才使得自耕农们秋收的时候能打下更多的粮食，于是可供上交的皇粮也就更多了。

中国史书中所记载的一些“盛世”，在那些以儒家思想为纲领的史官笔下，无一例外都是仁政的产物，是人品问题。但其实，有些“盛世”根本就是官样文章，吹出来的，而有些“盛世”则另有原因，并不能用一句“皇上圣明”就能概括的。文景之治就是一例，两个皇上并没有推行什么出色的政策，也就是节日的时候扶一扶锄头，摆个POSE而已。小麦才是文景之治真正的幕后推手。

力不从心的小麦

自秦国开始，关中平原能够长期稳定高产，得益于古代著名水利工程——郑国渠的贡献。

春秋战国时期真是我国历史上思想界的黄金时代，当时什么稀奇古怪的思想都有，有主张兼爱天下的墨子，就有主张拔一毛利天下而不为的杨朱。郑国渠这个工程，就是韩国策划的很搞笑的一个阴谋。

战国七雄之中，韩国紧邻秦国，实力却最弱，随时有被强秦消灭的危险。走投无路之时，韩国想出来一条“妙计”，派遣本国的水利专家郑国前往秦国，鼓动刚上台的秦王嬴政在渭河流域开凿一条水渠，灌溉关中平原的万亩田地。兴修水利可是大工程，此计如果成功，短时间内秦国就没有财力、物力东进攻打韩国了。

当时秦国虽强，但水利人才匮乏，郑国的到来让秦王喜出望外，立即让他主持这项战国时期的“三峡工程”。秦国的资源和人力被这个工程卷了进去，的确没有力量开战了。没想到5年之后，韩国的阴谋败露，秦王大怒，要杀掉郑国。生死关头，郑国对秦王说，我的确是间谍，但是如果水渠建成，却对秦国大大地好。我只不过让韩国多苟延残喘了几年，但是却会让秦国万年受益。

要说秦王嬴政真是经济学的高手，立刻明白了这个道理。于是依旧让郑国主持修水渠。历时十几年，水渠建成，名叫郑国渠。郑国这个超级大卧底能够名垂千古，完全是因为秦王广阔的胸襟和卓越的远见。

说郑国渠的事情，其实还是要谈谈小麦。小麦属于耐旱的作物，所需的灌溉水分并不多。修建郑国渠，灌溉农田只是一个目的，另一个目的是用水冲掉田地中积攒的盐卤。黄河流域的农业区都属于季风气候区，季风来的时候雨量充足，但季风不来的时候却很干旱，土壤水分蒸发很快，却把盐卤留在土壤中，年复一年，农田就出现盐碱化，肥力大大降低，最后无法耕种。

古代中国人选择了种植小麦，同时也就选择了与盐卤作长期的抗争。虽然有郑国渠这样的水利工程来缓解盐碱化的趋势，土地肥力的下降仍然是不可避免的。另一个补救措施就是休耕，种一季就休耕一段时间，待土地肥力恢复后再种一季。休耕就意味着放弃了一段时间的粮食产量，对于古代中国的小自耕农来说，一段时间没有收成，几乎是不可想象的。

所以种小麦的地区，不论是关中平原，还是后来华北平原的一些农耕区，农民们不得不连年耕种，最后让土地陷入万劫不复的盐碱化境地。大批农民失去了稳定的粮食收入，揭竿而起就不可避免了。所以我们可以看到，许多次导致王朝覆灭的农民起义，都发源于小麦的种植区，比如西汉末年的赤眉起义爆发于山东莒县，东汉末年的黄巾大起义爆发于河南洛阳，北魏末年的六镇起义爆发于河套地区，隋末的农民起义爆发于山东、河北、河南，唐末的黄巢起义爆发于山东，明末的李自成起义爆发于陕西米脂……这些起义的导火索可能各不相同，但背后都有土地盐碱化的黑影。

唐朝是小麦最后的光辉岁月。在安史之乱前，沿秦岭淮河一线划分，北方地区的人口占了全国人口的60%，南方地区则占了40%，当时北方地区基本上是小麦的种植区。唐朝对耕地的开发几乎达到了当时科技的极限，唐朝人口不到今日中国的4%，但耕地面积最高时可能达到了8亿~12亿亩，和今天全国18亿亩相比，已达到了今天的50%左右。贞观之治其实和文景之治类似，都是长期战乱后，王朝利用和平时期扩大了小麦的种植面积，获得了经济的爆发式增长。唐朝用占今天50%的耕地，养活了占今天4%的人口，耕地看着似乎绰绰有余，但北方地区的耕地产量却已经是日薄西山。继粟的第一次粮仓危机之后，小麦的第二次粮仓危机摆在了中国人民面前。

水稻接棒小麦

中华大地上的古人对水稻一点儿都不陌生，早在距今七八千年前，当时生活在太湖流域和杭州湾的古人就放火烧掉湿地中生长的灌木，在湿地中种下水稻类的草本植物。考古学家发现，在距今7500年左右的时候，海平面曾经上升，从这些河湖的入海通道倒灌过来，我们的先民们于是筑起堤坝，阻挡海水侵袭，保卫自己的稻田。

和小麦起源于狗尾巴草类似，稻种也来自先民们对草类的筛选。不过对于江南地区的先民来说，他们当时主要以打鱼为生，每天享用海鲜大餐，多么惬意！而种水稻是非常辛苦的事情，他们其实并不太在意稻米做为食物的充饥功能，而是喜欢把稻米放入陶罐中发酵，获得美味的酒。当时食物来源丰富，人口又少，嘴馋也许是远古先民们种水稻的最初目的之一。

即使后来江南地区人口增加了，水稻成为一种重要的粮食作物，稻米的产量依然不是很理想。主要的原因一个是水稻的种植需要技术，需要在特定的日子栽培、特定的日子插秧，古人想掌握水稻种植的技术，需要一段时间的摸索；另一个原因是我国古代长期没有找到合适的稻种，而且一年只能种一季。当时没有现代的基因技术，培育一个新的稻种全靠一代代地筛选，一代代地尝试，一遇到战乱，科研工作可能就付之东流。

在小麦无力养活中国人民的关键时刻，古代越南人民向我们伸出了援助之手，他们“友情赞助”了一种优良的稻种——占城稻。占城稻原产越南中南部，宋朝时期那里是占婆古国的势力范围。

占城稻的一大优点是早熟，我国原有稻种，从插秧到成熟，要经过 150 天左右，加上秧苗在苗床还需要 1 个月左右的时间，历时至少半年以上，所以一年之中很难收获两次。占城稻从苗床移植到稻田后，只需要百天就能收割，此后经过改良，成熟期更加缩短，甚至可以两个月就能从种到收。更为可贵的是，早熟的水稻可以摆脱江南地区梅雨、干旱、台风、秋霜等一系列的自然灾害，获得稳产高产，更让促进轮作和一年二熟制农业的发展成为可能。农民们可以一年中种一季水稻，再种一季小麦，单位亩产大大增加，休耕的次数也大为降低。而且水稻田经常浸泡在几十厘米深的水中，避免了麦田因为水分大量蒸发造成的盐碱化问题，土地肥力可以保持基本稳定。

占城稻的第二大优点是适应能力强，耐旱，也不要求大量施肥。这对于一些山间谷地的农业开发有很大促进作用，等于是让人们可以在更大的土地面积上种植水稻了。

大约在宋朝初年，占城稻被泉州商人从东南亚带到了福建等地。公元 1012 年，宋真宗亲自倡导，使占城稻作为青黄不接时期的度荒粮米，推广普及到长江流域的广大地区。在占城稻的助力下，宋朝时期开始出现二熟种植法，单位面积的稻米产量快速增加，直接激发了宋朝时期中国人口的大爆炸，特别是在南方地区。

粮食和人口的增加，对于古代农业国家来说，就意味着国力的增强，意味着文明的昌盛。唐朝鼎盛时期，中国人口大约 5000 万。而到了 12 世纪初北宋徽宗时期，中国人口超过了 1 亿。北宋时期，如果以秦岭淮河一线划分，南方地区的人口数量已经超过了北方地区人口一倍。

自古以来中华大地上人口北多南少的局面彻底被扭转了。这个变化相当重要，因为国家的税收来自自耕农，南方地区人口数量多，就意味着来自南方的税收在国家税收中占的比重就大，国家的经济重心必然转移到了南方地区。从北宋时期开始，经济重心就从黄河流域过渡到了长江流域，农民的粮仓中，稻米取代了小麦，成为粮仓中的主角。

水稻抢占了小麦的沙发之后，中国地大物博的优势立刻体现了出来。北方歉收，有南方的水田保障粮食供应；南方歉收，有北方的旱地提供粮食来源。尤其是大运河工程投入运营之后，南北粮食的调动更加方便了，救济灾民的效率提高，国家因此变得更为稳定。关于大运河的作用，本书后面有专门的叙述，此处不再赘言。

小麦统治粮仓的时期，如果从公元前 221 年秦始皇建立起大一统的国家开始算起，到北宋王朝建立时的公元 960 年，中国一共经历了秦、西汉、东汉、三国、西晋、东晋、南北朝、隋、唐、五代十国等十个时代，平均每百年多一点就会改朝换代一次。如果把南北朝和五代十国时期那些短命的小王朝分开计算的话，朝代更迭的时间就更短了。

当水稻成为粮仓的主角后，中国一共经历了北宋、南宋、元、明、清五个王朝，如果算到公元 1911 年止，在九百五十年的时间中，每个朝代的寿命接近 200 年。正所谓手中有粮，心中不慌，北宋和它之后的王朝都因为广种水稻而延年益寿了。

农作物的生长有固定的周期，比如北方地区一年一熟，南方地区一年两熟甚至三熟。在经济重心位于北方的时候，游牧民族一旦越过长城南下侵袭，中原王朝就陷入了非常尴尬的局面，自己的农业生产被打断了，而且还要花精力抗击入侵者，各个王朝都表示压力很大。当水稻崛起，经济重心转移到南方后，中华帝国再面对北方游牧民族的时候，就显得从容不迫了，毕竟游牧民族很少能南侵到秦岭—淮河一线以南，不会伤及粮食生产的根基。

但是反过来，由于经济重心在南方，中央王朝要北伐塞外，从南方调集人力、物力也十分困难，这也导致北宋之后的中央王朝往往难以开疆拓土，比如北宋与辽的对抗，南宋与金的对抗，以及后来明朝与蒙古的对峙，中央王朝都没有力气把疆域扩展到长城北面。

越南人民贡献的占城稻，让中国的人口数量在宋朝首次突破了一亿大关，然后就进入了缓慢增长的时期，直到明末清初，国土面积虽然扩大了许多，把东北地区、蒙古高原、西域和青藏高原都包括在内，人口数量也不过在 1.5 亿左右，农耕区的人口基本上还是维持在宋朝的水平。毕竟粮食产量决定人口数量，可以耕种的旱地和水田，在宋朝的时候就已经种上了庄稼，新开垦的农田很有限，占城稻的产量也已经达到极限。中华帝国的人口数量要再创新高，只能期待新的农作物入场了。

感谢玉米棒子，感谢印第安人

哥伦布发现美洲大陆，给欧洲的殖民者带来了黄金白银，以及大量有待开发的土地。欧洲人一下子阔了起来，整个社会面貌焕然一新，准备好了迎接文艺复兴和工业革命。然而，哥伦布的发现似乎并没有在东方的中国引发激荡，中国甚至很久之后才知道，原来世界上还有一块美洲大陆。

其实，世界是一个整体，美国大平原上的一只蝴蝶扇动翅膀，就可能会引起南美洲的一场风暴，这就是混沌学所说的蝴蝶效应。美洲大陆的发现，不仅改变了欧洲，同样也给古代中国带来了深刻的影响，来自美洲的一些农作物也改变了中国社会，它们是：玉米、地瓜（番薯）、花生、向日葵、辣椒、烟草。

这些农作物中，玉米棒子和地瓜对粮仓的贡献最大。明末清初的时候，不论是黄河流域还是长江流域，能够种小麦和水稻的土地，基本上已经开发完毕了，以当时的亩产，也只能支撑 1 亿多人口生活。就在这时，美洲的玉米和地瓜经过漫长的传播道路，跨越了半个地球来到了中国。

十六十七世纪，玉米大概从云南最早传入中国境内。玉米是一种适应能力很强的农作物，北到俄罗斯、加拿大这样的苦寒之地，南到南美洲腹地的原始丛林，都可以种植玉米。所以玉米进入中国后，许多原来无法种植小麦的干旱、贫瘠之地也可以开垦了。相对于小麦，玉米的产量更高，虽然从营养价值看，也许要略逊于小麦，但对于贫苦的农民来说，填饱肚子比营养价值要更重要。

地瓜则最早从福建进入中国境内。地瓜高产、味美、抗旱，在明朝万历年间的大饥荒时期，很快从福建、广东推广到长江中下游的旱地。而且地瓜对环境的破坏小，房前屋后可以见缝插针地种植，于是在大江南北遍地开花。

明末清初的这段日子里，失去土地的农民纷纷涌向无主的丘陵地带，他们在山坡上种植玉米，在山脚下种植地瓜，粮仓充实了，多要几个孩子也能养活了。

美洲印第安人贡献的农作物不仅填饱了中国人的肚子，还改善了中国人的伙食。古代中国长期是农业社会，畜牧业不发达，因此肉类很少，虽然鸡蛋、鸡肉和猪肉含有丰富的动物蛋白，但贫苦农民却难以享受得到。底层农民的食谱中除了主食之外，很少会有富含蛋白质的食物。富含植物蛋白的大豆为古代中国人提供了蛋白质需求，而且相对来说，大豆价格便宜量又足，是广大农民改善伙食的好选择。这就是为什么今天许多中国人喝牛奶会拉肚子的原因，因为中国普通大众经过几千年的素食食谱熏陶，肠道中缺乏分解牛奶成分的酶。

漂洋过海来到中国的花生和向日葵，给底层农民们提供了摄取蛋白质和油脂的其他选择，而且花生和向日葵同样可以在贫瘠的山区种植，这真是古代中国人的福音，两者迅速风靡全国，成为人们重要的零食。稍感遗憾的是，这两种作物提供的蛋白质也还是植物蛋白。普通中国人（游牧民族除外）开始有能力消费充足的牛奶制品，仅仅是最近一二十年的事情。

辣椒让人涕泪横流还大呼过瘾，这种作物也是拜印第安人所赐，古代中国人的饭桌上又多了一种颇为下饭的调味品，而且辣椒巨大的需求量还激发了规模可观的辣椒生意。

从美洲传来的烟草作为嗜好品，在中国同样受到了欢迎，不论是上等人还是普通农民，许多人都喜欢饭后吞云吐雾一会儿，种植烟草让许多底层农民获得了比种庄稼更高的收益。

哥伦布发现美洲的蝴蝶效应，在古代中国激发了更多的耕地和更多的人口。如果我们把清朝开始时中国人口按 1.5 亿计算，那么仅仅 100 年后，经过康乾盛世，中国人口轻松地实现了翻番，突破了 3 亿。本篇前面部分已经谈到，文景之治很大程度上要归功于小麦种植的推广，那么所谓的康乾盛世，是否和玉米、地瓜的推广有关呢？

清朝的康乾时期，其实和汉朝的文景时期很相似，都是政局逐渐稳定下来，国民经济开始恢复。更相似的是，农作物品种上有了重大的变化，文景时期是小麦逐渐取代粟成为粮仓中的主力军，而康乾时期是玉米、地瓜进入粮仓，与水稻、小麦一起充实了粮仓。如果没有玉米、地瓜、花生等作物的引入，康熙和乾隆就算是天纵奇才，也没有办法把已经达到极限的中国人口翻一番。

反过来思考，明朝延续了 276 年，很多时候天下太平，人民安居乐业，能开垦的荒地也绝不放过，但是人口数量却远少于康乾盛世时期。虽说清初国家版图把东北地区、蒙古高原、西域和青藏高原都囊括了进来，但这些地区都是人口密度很低的地方，对于总人口增加的贡献并不多。康乾盛世时期农业技术可能并不比明朝时期更加先进，可是人口竟然增加了一倍，所以还是农作物品种和产量的增加起了作用，玉米、地瓜、花生功不可没。

假如玉米和地瓜早一百年进入中国，在明朝中期就养活了更多的贫苦农民，也许吃饱了肚子的李自成就不会带领流民起兵，后金铁骑也根本没有机会中原逐鹿。历史不能假设，但从逻辑常识上看，康乾盛世是建立在玉米、地瓜的基础上的。没有 3 亿多自耕农上交的皇粮，清朝贵族们哪有架着鸟笼捧戏子的潇洒呢？

不要迷恋所谓的盛世，那都只是一些传说。

第二篇

爱生命，爱盐巴

和煦的阳光照耀在湖面上，湖水波澜不惊，游客们竟然平躺在湖水上看报纸，除了湖水的浮力，游客身下没有任何支撑物。

我们是在谈论西亚那个有名的死海吗？不，我们说的是山西运城的一个盐湖。这个盐湖今天虽然号称中国的死海，但它的名声并不广播。可是要深入了解中华文明的五千年历史，我们很难绕开这个不起眼的盐湖，它为古代中国奉献了白花花的食盐，进而影响了天下大势。

充满咸味的华夏神话时代

中国神话传说中的第一场大战，就是黄帝与蚩尤的战争。根据传说，当时的蚩尤是九黎部落的酋长，势力范围就在今天的山西运城一带，而黄帝的势力范围则在南面的河南境内。虽然史书上说蚩尤多么邪恶，但那不过都是成王败寇后史官们的口诛笔伐而已，不足为信。总之是黄帝部落向蚩尤部落发动了“正义”的战争。至于战争的原因肯定没有后代史官们说的光明正大，很可能是因为黄帝垂涎蚩尤领地中的盐池。

人毕竟是一种动物，贪恋口舌之欲，所以一旦尝到了盐的味道，就欲罢不能了。盐添加到食物之中，会让食物更加美味。而且摄入一定量的盐，对于人体的生理健康来讲，也是至关重要的。人体细胞需要食盐中的钠元素来协助，完成新陈代谢的功能，盐的摄入量过少，人就会四肢乏力，想干活也是有心无力了。这使得盐成了仅次于粮食的远古战略物资。偏偏粮食作物中所含的无机盐的成分非常少，人要想品尝咸味，就得在自然界中另谋他路。

中国的远古先民在黄河的东岸找到了一片乐土，这就是所谓的“河东盐池”，也就是今天的“中国死海”的位置。这个盐池位于中条山的北麓，夏季刮东南风，而且风速很大，偏巧夏季温度高，盐池中水分蒸发量大，狂风会加快水分的蒸发速度，水分蒸发掉，盐池中就会析出结晶的盐粒。某个远古部落如果能占据了河东盐池，就等于是今天控制了中东的石油资源一样，盐池里产出的食盐不仅可以自用，还可以出口给周边的部落，换来自己需要的粮食、矿产、手工艺品，等等。

这片盐池肯定也会让周边的部落分外眼红，于是黄帝大战蚩尤的一幕就发生了。根据传说推测，刚开始黄帝并没有占到便宜，因为他手下都是手持棍棒和石头武器的部队，而蚩尤领土内不仅有盐池，还有中条山的铜矿，所以蚩尤部落很可能配备了一定的青铜武器。装备的落后让黄帝“九战九不胜”、“三年城不下”。不得已，黄帝和昔日的对手炎帝结盟，合力进攻蚩尤部落。此前其实黄帝和炎帝也曾经大打出手三次。

双拳难敌四手，蚩尤终于败北，被黄帝杀死，黄帝和炎帝如愿以偿地打劫了蚩尤，抢夺了河东盐池。然后，黄帝部落、炎帝部落以及剩余的蚩尤部落融合在一起，成为华夏民族的始祖。不仅地盘更加广阔，而且还拥有了重要的资源——食盐。毫不夸张地说，食盐是华夏民族诞生的催化剂，黄帝之后，尧、舜、禹都是传说中的上古王者，他们的都城在什么地方，至今并无定论。不过根据史书记载，尧的都城在平阳（今山西临汾），舜的都城在蒲坂（今山西永济西蒲州镇），而大禹的都城在安邑（今山西夏县），这三个地点都和河东盐池的距离很近。如果传说属实，在当时社会已经从部落联盟向王国过渡的时期，疆域面积更加广大的情况下，这些王者依然把都城设在盐池之旁，足见盐在人们生活中的地位之高。

除了史书中记载的上古传说外，近年来的一些考古发现也佐证了河东盐池在中国早期历史上的重要地位。比如在山西省临汾市有一处陶寺遗址，这座古代城市遗址的总面积达 300 万平方米以上，存在的大致年代距今 4500 年到 3900 年间，恰好是史书中尧的时代。考古学家在该遗址发掘出了大量的陶器、石器、骨器、玉器等，还有象征王权的龙盘、陶鼓、彩陶。当时的城市包含了宫城、外城、观象祭祀台、作坊、仓储等建筑。许多考古学家都把陶寺视为尧时代的都城级别的城市。

可以想见，如此巨大的古代城市，必然容纳了相当多的人口。人都是要吃饭的，需要足够多的粮食。仅靠陶寺大城周边的农田产出，很难满足该城市人口的需要，他们肯定要与遥远的地区交换大量粮食。拿什么与别人交换珍贵的粮食呢？盐是那个时代的硬通货，陶寺古人很可能是用河东盐池的盐来换粮食。

陶寺出土的文物显示，这里是中国早期各种文化混杂的地方。一般这样的文化状况，说明该城市很可能是商业中心，才吸引了不同文化的人们来此逐利。以物易物其实是很麻烦的，交易的时候有一方不喜欢对方的商品，交易就无法达成。只有人们都认同一种等同于货币的商品，愿意与之交换，交易才会很顺利。盐就起到了通用货币的作用，陶寺的繁荣，很可能是由于以河东盐池的盐作为货币，与周边做交易而发达起来。

从考古发现看，后来的商朝的都城在河南境内，周朝的都城在陕西境内，虽然远离了河东盐池，但在当时的华夏民族控制区内，食盐的供应依然基本上要靠河东盐池。只是当时国家形成，王权强大了，不需要把都城建在盐池旁边，昼夜提防着旁边部落过来打劫。不过当王权衰微，诸侯并起的时候，盐掌握在谁的手里，就成为影响国家兴亡的大事。

春秋战国的幕后导演

春秋战国时期，就是王权衰微、诸侯并起的局面，谁手里握有更多的盐，谁就等于是有了更多的财富。

各个诸侯中，晋国可谓得天独厚，因为天下闻名的河东盐池就在晋国境内。当时中原地区人口渐多，可食盐的产出量却并没有明显提高。前面谈到了，河东盐池中的食盐几乎就是天然形成的，在晒盐技术还未发展起来的春秋时期，食盐产量的增加显然无法追上人口数量的增加。根据经济学中基本的供给、需求关系，供给上升的慢，而需求上升的快，于是供不应求，导致食盐价格的上涨。当时周天子吃的食盐，也都依赖晋国的供给，所以晋国在春秋早期成为首屈一指的大国，在很大程度上是因为掌握了河东盐池。

但是春秋五霸中的第一个霸主，却并非晋国国君，而是齐桓公，这是因为齐国人率先打破了晋国对食盐市场的垄断，他们找到了提高海盐产量的技术。

海水中本来就含有食盐成分，古代人很早就知道，煮海水可以获得食盐。可是海水中还有其他的一些成分，会在煮的过程中与食盐一道析出，这样简单制作出来的盐因为杂质太多，口味苦涩，难以享用。本来食盐是用来调味的，可是早期的海盐口感极差，没人愿意在煮野味的时候，向锅里添加这样糟糕的盐巴。

但盐的利润太大了，刺激着沿海的居民不断探索精炼海盐的技术。渐渐地，海盐中的杂质越来越少，口感逐渐提高了。接下来的事情就是如何大规模生产海盐了，这个时候，齐国出了一个经济学家，他就是管仲，那个让齐桓公称霸的重臣。管仲在齐国当政期间，大力发展各种经济，其中就包括海盐制造业。

管仲早期支持齐桓公的一个兄弟做为王位继承人，还用箭射伤了齐桓公。但齐桓公夺取王位之后，爱惜管仲的才能，不计前嫌地提拔管仲，一君一臣合力让齐国在春秋时期率先称霸。说来管仲管盐，可谓双管齐下，一方面是支持官营，靠国有企业来大批量生产海盐，除了满足自用之外，剩余的海盐出口。另一方面，制造和贩卖海盐利润巨大，齐国民间也制售私盐，这对官盐是一种竞争，如果不对私盐进行打击，任由私盐冲击市场，官盐就卖不上高价，管仲领导的国有企业就没有多少利润可捞。

管仲为了垄断盐业的利润，挖空心思打击私盐产业，出台政策，要求民众在春天播种庄稼期间，禁止私自生产海盐。这一招十分奏效，因为播种期间，也是民众开始制造海盐的好时光，管仲没有明令禁止私盐制造业，但实际效果却达到了打击私盐生产的目的。

民众也不是傻瓜，他们在其他季节生产海盐，仍然可以把私盐出口国外，与齐国的官盐竞争。于是管仲不惜血本，竟然在齐国边境上修建了一道长城，这道长城的目的不是为了抵御他国进攻，而是为了阻挡私盐出口！

齐国本来就是春秋战国时期的东方大国，除了被燕国攻入国境和秦国统一天下灭齐国这两次事件之外，从来只有它攻打别人的份儿，没有别人来打它的份儿，因此修建长城抵御外敌对于齐国根本毫无必要。但天下闻名的齐长城还是修建了，而且修建在齐国南部边境，与鲁国和宋国交界的地方，目的就是设置关卡。民众如果要贩卖私盐出口国外，必须在关卡向官府交税，而齐国北部边境则是黄河和济水，同样也利于官府在渡口设点征税。这就等于是抬高了私盐的成本，让私盐出口国外无利可图，只好低价卖给官府。

站在今天的经济学角度，我们会说，管仲这种打击民营企业、维护国有企业垄断市场的行为，并不明智。因为官营垄断行业由于企业的所有权是国家，而经营权是个人，两权的分离往往导致经营效率不高，也容易滋生腐败；不如民营企业那样高效和有活力，所有权和经营权都是自己的，是自己的身家性命，必须好好经营。

但是在春秋时期，盐业即使不是暴利行业，也是高利润行业，管仲代表的齐国官府垄断海盐生产，即使有经营效率不高的弊病，仍然可以聚敛大量的财富。这从修建齐长城就可以看出来，花费巨大的人力物力修建长城阻挡私盐出境，如果背后没有丰厚的潜在利润，以管仲的智慧，是根本不会做的。

此外，管仲可能是首开官办妓院先河的历史人物，他曾用办妓院的手段来为官府创收。正是在垄断盐业和让女人卖身的资助下，齐桓公才组建起庞大的军队，西面打击靠河东盐池发家的晋国，南面阻挡试图北上的楚国。说实在的，齐桓公的称霸多少有点儿不太光彩。

齐国国君尝到了垄断盐业的甜头后，一发不可收拾，到了齐景公的时候，终于酿成大祸。齐景公大幅度提高国内食盐的价格，希望能攫取更多的财富。由于食盐是所有人的日常所需，每个人消耗的食盐量差别也不大，不可能富人一顿饭吃 10 克食盐，穷人一顿饭只要吃 1 克食盐，提高盐价等于是征全民税。这样征全民税的做法，对于中下民众的生活影响是非常大的。于是齐国的权臣田氏的机会来了，他们用自家的大斗向外借出食盐，而收债的时候，则是用小斗来收回食盐。看上去田氏吃亏了，但却收获了齐国的人心。不久以后，齐国的王位就归了姓田的。

有了齐国海盐的竞争，晋国河东盐池的地位就有所下降了。不过在古代，盐的运输是个让人头疼的事情，盐自身很重，还容易受潮变质，再加上当时天下大乱，道路上车匪路霸、小偷小摸横行，食盐买卖必须要有足够的保安护驾。所以，长距离贩卖食盐并不划算，河东盐池与齐国海盐各自供给周边各国，竞争并不激烈。当时周天子平时用距离近的河东盐池出产的盐，在祭祀和招待客人这种重要场合，才会拿出质量更好、来自远方的齐国海盐，食盐运输成本随距离而增加，由此可见一斑。

晋国依靠河东盐池，雄霸中原几百年，没想到天有不测风云，好端端的大国被赵、魏、韩三家瓜分了。分家就分家，但河东盐池归谁，却是个大问题。最终，这块天下瑰宝归属了魏国。

本来魏国四周都是强敌，北有赵，南有楚，东有齐，西有秦，哪个都不是省油的灯。可是魏国硬是凭借河东盐池的巨大财富，在强敌环伺之间站稳了脚跟，甚至还能四处出击。历史上著名的“信陵君窃符救赵”，就是信陵君调动了魏国的大军，解救了几乎被秦军攻克的赵国都城；还有“围魏救赵”的桂陵之战，魏国 8 万主力部队被齐国的孙膑率军全歼，但只用了 10 年时间，魏国就又恢复元气，集结起 10 万兵马。即使到了战国的尾声，拥有河东盐池的魏国依然可以独立对抗凶悍的秦国大军，以10万魏卒对60万秦军，竟然还支撑了许多年。直到秦军夺取了河东盐池之后，魏国自己连吃盐都发生了困难，再也没有了经济实力与秦国抗衡，很快就被秦国消灭了。

齐国、魏国都因食盐而强大，其实南方霸主楚国和最终统一六国的秦国，它们的强盛同样和食盐分不开。秦国原本除了关中平原产粮外，并无太多的自然资源，因此长期被魏国阻挡在西方。但是后来，秦国向南进军，攻克了当时中华大地上另一个重要的产盐国——巴国，局势立刻改观了。

说起神秘的巴国，其国土在鼎盛的时期，地跨今天四川、重庆、湖北、湖南、贵州和陕西六省市，论国土面积丝毫不逊色于战国七雄，只是不在中原混，为人低调罢了。巴国能够强盛，就得益于巴东地区出产的岩盐和井盐，当地含咸水的泉眼很多，可以从中提炼出盐，一种说法认为，人们常说的“盐巴”中的“巴”字，其实就是指的产地——巴国。

如果巴国国君能够励精图治，再依托优越的食盐资源，未必就不能与战国七雄逐鹿中原。可惜后来巴国国君无道，把国内搞的一团糟糕，有一次盐工暴动，巴国将军巴蔓子镇压不住，不得已向楚国借兵平叛，许诺事成之后割让巴东三城给楚国。楚王看到能获得盐业重镇，于是出师帮巴蔓子摆平了巴国的内乱。当楚王要求获得巴东三城时，巴蔓子回答，可以把他的头颅拿去作为答谢，想要城池办不到。然后巴蔓子拔剑自刎，这就是要盐不给，要命有一条。在巴蔓子眼中，巴东盐泉比自己的命还要珍贵。

但是此时，巴国的衰落已经不可避免，向楚国借兵，活脱脱一幕三国时期刘璋向刘备借兵的战国版本，楚军来了可就不走了，很快蚕食了巴国的大片土地，当然也包括一些重要的盐泉。就在楚国快要占领巴国全部盐泉的时候，西方的秦国感受到了强烈的威胁，如果任由楚国夺取巴国全境，楚国会因为掌握了食盐产地而暴富，而秦国吃饭的时候可能就会没有味道了。

这绝不是危言耸听，当时楚国已经开始阻止巴地的人们向秦国卖盐，相当于现在世界各国的贸易禁运，秦国立刻陷入了盐慌的恐惧之中。忍无可忍之下，秦国挥军十万，远征伐楚。为了食盐，双方可谓殊死搏斗，巴地也几经易手，最终还是秦国笑到了最后。

秦国在巴地争夺战中非常惊险地获胜了。这场巴地盐泉争夺战，不仅让秦国和楚国的实力此消彼长，同样对中国未来的历史具有深远的影响。想想看，假如巴地之争楚国获胜，秦国失去了巴地盐泉的财富，恐怕很难实现统一六国的伟业，甚至由强大的楚国最后一统天下也未可知。

历史不能假设，但历史有时候是被偶然改变的。

私盐贩子掀翻大唐

秦国统一六国，不仅奠定了中华帝国的根基，也改变了盐业经营的模式。原本春秋战国时期，天下大乱，民间制盐、贩盐在许多地方都是合法的，比如有个叫猗顿的商人就因为贩卖河东盐池出产的食盐发了大财，富比诸侯。但是在有些地方，比如管仲管理的齐国，私盐必须卖给国家。再比如秦国，在商鞅管理的时候，采取了国家经营盐业的模式，所有的盐池、盐泉、盐井都归政府所有，由政府开采，只是在销售环节，商鞅允许一些商人介入，但是允许销售食盐的商人的资格被严格控制，而且这些商人还要缴纳很重的税。这种模式随着秦国变成了秦朝而得到了延续，进而成为后来各个朝代的盐业经营范本之一。

白花花的盐巴，官营还是民营，可以检验一个政府是否与民争利。前面已经谈到，官营盐业实际上是对全体国民征税，把民间的财富聚敛到国家的库府中。对于古代的国王或皇帝来说，盐不是咸的，而是像蜜一样甜，一旦他们尝到了食盐带来的财富甘露，就欲罢不能了。商鞅和管仲开了这个先例，于是各朝各代纷纷效法。

只是官营具有天生的弊病，一个是经营效率低，容易滋生腐败，前面已经谈到；另一个是刺激了私盐买卖。由于国家垄断盐业，导致食盐的市场价格高，而制盐成本却很低，这之间的差价足以让一些人铤而走险，把国家的严刑峻法放在一边，搏取一场富贵。这就好比当今世界，如果一个国家垄断了进口汽油的权力，导致本国汽油价格高于其他国家许多，那么走私汽油入境就会成为该国冒险家们一个十分有利可图的生意。价格差越大，走私的利润就越高。

而国家要想打击私盐买卖，往往要付出很大的代价，比如管仲修建齐长城就是一例，这些巨额的监管费用直接抵消掉了盐业官营带来的一部分利润。站在今天市场经济的角度看，民营要比官营对盐业的繁荣更有利，国家对市场进行监管，而民营的食盐公司从事食盐生产和销售，并按照经营情况依法纳税，各个公司在规则公平的市场中自由竞争，这才是最有效率的盐业模式。

但是古代中国人毕竟没有这么高的经济智慧，而且在普天之下莫非王土的环境下，皇帝不会允许底下的臣民掌控江山社稷的命脉，而食盐恰好是社稷命脉之一。哪怕是修长城阻止私盐买卖，古代中国的统治者也是干得出来的。

秦朝二世而亡，汉朝初年百废待兴，当时食盐的制售还比较开放，私人也可以经营，当时上层人士还曾经讨论过盐铁资源是该官营还是民营的问题。但是自汉武帝之后，国家彻底垄断了盐业，也就长期地面临着私盐贩子的竞争。

只有很短暂的时期，中央帝国的皇帝们或者是灵光一现，或者是歪打正着，会取消官营，让民营盐业自由地发展。比如中国历史上另一个二世而亡的朝代——隋朝，官方放开了盐业让百姓经营，并通过对盐业收税来获得税收收入，有时候甚至干脆取消税收。这其实是把收取全民税的模式转变成了收取商业税的模式，对于广大的民众或者说消费者来说，食盐上的支出显然是下降了，但官方的收入却未必就变少了。因为官方不再需要花力气打击私盐了，民营盐业高效运营也给国家创造了更多的税收。于是，隋朝虽然不再垄断盐业经营，但却并未因此缺钱，隋朝的灭亡另有原因，将在后面的篇章中详述。

这段民营盐业的黄金岁月一直持续到唐朝安史之乱前。公元755年安禄山起兵叛唐，并进攻中原地区，当时的平原太守，也就是中国著名的大书法家颜真卿，为了抵抗安禄山的叛军，需要筹措大量军饷，于是他用政府资金垄断了当地的盐业市场，把所有的食盐全部收购，然后加价卖出，赚取了足够的军费。

颜真卿的做法是战时不得已而为之，但安史之乱后，却被庸官们奉为至宝，认为是政府发财的真经，唐朝的盐业制度立刻转向了官营，而且官盐的出售价格还节节攀升。原本民营期间，食盐的价格每斗不过10钱，官方垄断之后，食盐的销售价格就提高到了110钱，暴涨了10倍有余！而且盐价没有最高，只有更高，到了唐德宗的时期，官方盐价甚至高达每斗300钱以上，如此横征暴敛的皇帝，居然被称为“德宗”，这道德标准定得也实在是太低了吧？

唐朝后期官营盐业给政府带来了巨额财富吗？无需多言，读者也可以推测出来，过去10钱1斗的盐变成了300钱1斗，这不是明摆着给冒险家们一个获取暴利的机会吗？当时只要是产盐的地区，就少不了私盐贩子的身影，私盐大批入市，强烈地冲击了官盐的市场。唐德宗把食盐价格推上了高峰，但税收却不升反降，因为百姓都去买私盐了，300 钱 1 斗的官盐，皇上您自己留着吃吧，别齁着了！

面对蜂拥而起的私盐贩子，唐朝皇帝们高高举起了屠刀，想用杀无赦的办法来维护自己的盐业垄断地位。当时对走私食盐的法律严酷到什么程度，问一个十余岁的孩子就清楚了。

当时一位管理河东盐池的官员史牟视察盐田，偏巧自己一个十余岁的外甥也跟着看热闹，看到盐晶粒很是好玩，于是这个小孩子就拾了一颗盐粒回家。史牟得知此事后，竟然“立杖杀之”。

一个小孩子仅仅为了满足好奇心私拿了一粒盐，就被杀死，而且刽子手还是自己的家人，只能说明当时的刑法太严酷了，史牟不杀这个孩子“大义灭亲”，恐怕他的全家就会有灭门之灾。

严刑峻法可以恐吓老实人，但对于亡命徒却根本没有用处。而且，在人们的基本日用品食盐上横征暴敛，直接把底层民众推向了穷困的深渊，既然活不下去，干脆就亡命一搏好了。唐朝后期，严酷的法律从来就没有挡住私盐扩张的脚步，这一切其实都是错误的盐业政策造成的恶果，而不是私盐贩子的错。

曾经辉煌的大唐王朝摇摇欲坠，如果此时官府能够和私盐贩子们和解，也许这个王朝还有救。但是唐王朝的统治者又犯了一个严重的错误，最终让唐朝灭亡，也成就了中国历史上最大的一个私盐贩子——黄巢。

黄巢的老家是山东菏泽，还记得齐国依靠海盐称霸吧？那里从春秋战国时期就已经是重要的产盐区。唐朝末年，黄巢家中三代都是私盐贩子，贩卖私盐是死罪，黄巢家能把这个营生做成了家族企业，可见当时的法律不过是吓唬老实人的，对于老练的私盐贩子来说，严厉的法律不过是减少了自己的一些潜在竞争者而已。

贩卖私盐利润极高，所以黄巢在唐朝末年犯上作乱，颇有点儿古怪。一般人都是吃不饱肚子，不得已暴动抢东西，给自己找条活路。而黄巢家中殷实，居然还去参加过科举考试，只可惜名落孙山。私盐贩子的子弟居然能够堂而皇之地参加国家公务员考试，唐朝官府的“政治审查部门”真是吃白饭的。

落第后的黄巢心中不甘，写了那首有名的诗句：“待到秋来九月八，我花开后百花杀。冲天香阵透长安，满城尽带黄金甲。”黄巢借菊花比喻自己将来一定会在长安无限风光。通过这首诗我们可以看出，黄巢是个狂热追求功名的人。想想也是，家里钱多的是，如果黄巢能够为官，把家族的黑社会背景洗白，绝对算有成就了。可惜公务员考试总是通不过，这该如何是好？

这时，另一个私盐贩子王仙芝揭竿而起，引发了唐末的大动荡。当王仙芝带领造反的队伍攻城拔寨的时候，他的私盐贸易合伙人黄巢看到了一条通往仕途的另类道路，于是拉起来一票人马与王仙芝响应。后来两伙私盐贩子武装会师一处，实力壮大了，但他们却不像其他的农民武装那样，攻占城池，扩大地盘，而是四处流窜，打下一城抢劫后，弃城而走，转战另一城。

这帮私盐贩子怎么连造反都如此另类？

我们要明确，黄巢和王仙芝造反，目的是为了功名，而不是地盘。所以他们打了胜仗后，立刻派人和唐朝官府商量，要求招安，给自己个官职当当；而吃了败仗后，就先夹起尾巴做人，伺机再战。

在唐朝官府眼中，这股私盐贩子武装简直是拿国家法律乱开玩笑，要是满足他们的要求，岂不要天下大乱。黄巢和王仙芝第一次兵谏求官，被官府毫无通融地说了NO。此后，两人分道扬镳，各自闯天下。王仙芝在战败被杀前的一年，曾经7次向朝廷要求投降求官，都遭到了拒绝。黄巢在流窜过程中，也是屡屡求官，都未能如愿。

最后，黄巢怒了，既然皇上老儿不给自己官职，干脆杀入长安，自己当皇上算了。黄巢的武装在流窜过程中，收编了大量穷苦民众，实力已经今非昔比。当黄巢带领自己的队伍攻向长安的门户潼关时，几十万大军竟然把潼关守军吓得屁滚尿流，弃关而逃了。攻陷了潼关，长安也唾手可得，黄巢这个私盐贩子终于实现了“冲天香阵透长安”的夙愿，在长安登基，自封大齐皇帝。

后来，唐朝向周边民族借兵，终于平定了黄巢的暴乱，但唐朝遭此重创，已经奄奄一息，没过多久就灭亡了。这糟糕的结局，很大程度上要归罪于唐朝后期执行的糟糕的盐业政策。

有趣的是，在镇压黄巢的官军阵营中，竟然也有许多私盐贩子出身的军人，比如王建、钱镠、朱瑄等人。王建少年时代贩卖私盐，在黄巢起义爆发后，他没有选择站在同行一边，而是投奔了逃难到成都的唐朝皇帝那里，加入行伍与黄巢为敌。钱镠年轻时也以贩卖私盐为生，后来加入了官军，在镇压黄巢武装的战斗中壮大了自己的力量。朱瑄的父亲也是私盐贩子，还曾受过朝廷的刑罚，朱瑄却加入了唐军镇压黄巢武装。

黄巢叛乱结束后，这些打入唐朝体制内部的私盐贩子摇身一变，官运亨通，有的还成为割据一方的藩镇节度使，不仅拥兵自重，不向唐王朝纳税，还积极参与唐朝末年的权力争夺战，成为唐朝垮台的重要推动力，王建、钱镠甚至成为唐朝之后五代时期割据政权的国君。早知最后还是断送在私盐贩子手中，当初唐朝皇帝何必拒绝黄巢的求官呢？

食盐可以让一个王朝兴起，也真的可以让一个王朝覆灭。

第三篇

长城：外面的人想进来，里面的人想出去

任何一个人第一次看到长城，都会惊叹那绵延在山脊之上的人间奇迹。历代中原王朝耗费大量的人力物力，修建起这座举世闻名的防御工事，抵御北方游牧民族的南下铁蹄。

万里长城已经成为了中国的品牌和象征。

马可波罗见过长城吗？

有一个异族人却例外，他就是马可波罗。这个13世纪的意大利旅行家年轻时跟随自己的叔叔穿越广袤的亚洲大陆，历尽艰辛，抵达了东方的中国，那时统治中国的是元朝的忽必烈大汗。马可波罗在自己的游记中，详细地描述了自己在中国的各种见闻，尤其是一些让他惊讶的事物，比如中国人居然用纸币做为交易货币，任何一个老板都不能拒绝接收顾客的纸币；再比如他看到北方中国人用黑色的石头替代木柴做燃料，而且取暖效果比木柴还好，这黑色的石头显然是煤，

那时在欧洲还很少使用。

但是在马可波罗的游记中，却偏偏没有提到那条“伟大的墙”（The Great Wall）。这一度成为否定他曾到过中国的重要证据。雄伟的长城是那么地醒目，在古代世界中，只有埃及金字塔的宏伟可以与之媲美，马可波罗又不是瞎子，会看不到长城吗？如果他真的见到过长城，不可能不记录在案。

其实，他也许真的看到过长城，但那时的长城不过是一些断砖残垣，许多遗址甚至不如旁边的猪圈宏伟！

别笑，长城附近的居民从遗址中取石砖来砌猪圈的行为自古有之，直到今天。实际上，秦朝修建的万里长城在汉代得到了加强，汉长城总长甚至达到了 2 万余里。但是自汉以后，长城逐渐被废弃，到了元朝忽必烈时期，秦汉长城早已没有当年的风采，倒塌的倒塌，被拆掉的拆掉，许多城砖都成了老百姓盖房子、垒猪圈的好材料。

想想看，秦朝时期的工程留到今天的有哪些？兵马俑是因为被埋藏地下而得到了保存，都江堰和灵渠由于在水利方面的重要意义，被后人精心地维护。除此之外，秦朝的建筑全部灰飞烟灭了。秦朝的长城建于公元前，到忽必烈时期已经 1500 年了，一年年风吹日晒的，又没有涂护肤品，秦长城早就没有原来的那张脸了。

也怪马可波罗自己是个满嘴跑舌头的主儿，在游记中多次吹嘘自己在元朝屡建功勋，比如向忽必烈敬献“回回炮”攻打襄阳城之类的事迹，导致后人对他是否真的到过中国产生了怀疑。再加上明朝中叶开始，西方传教士纷纷东来，发现一道雄伟的大墙赫然屹立在中国的北方，更加怀疑马可波罗根本就没来过中国，根本就没见到过长城。其实这些西方传教士看到的长城，已经不是秦汉时期的长城了，而是明朝前期为了抵御北方瓦剌等部的入侵，几乎是在原来秦汉长城的原址上重新修建起来的。

现在让我们把马可波罗放在一边，关注一个与长城有关的位置问题：为什么时隔一千六七百年，明朝长城会与秦朝长城修建的位置基本重合呢？难道这只不过是一次巧合？

长城建在哪儿，得听老天的

中原王朝基本上是农耕民族的国家，它们与北方游牧民族的国家之间经常发生冲突，时而游牧民族南下劫掠财物，时而农耕民族北上驱逐游牧民族，双方在长城一线来回拉锯，从周朝一直对抗到了明朝末年。在这三千年的对抗中，中原王朝的北方边界在大多数时间里都位于长城附近，难道长城真能起如此大的作用，可以限制两边民族的扩张吗？

长城是死的，而人是活的，表面上看是长城限制了两边民族的活动，实际上背后还有更重要的因素，那就是降水量。

如果我们能够找到一张中国年降水量图，再与长城的位置图对比，我们就会发现，长城几乎与横穿中国北方的400毫米等降水量线重合。从华北北面的燕山山脉向西，经过今天山西境内的太行山北段、内蒙古境内的阴山山脉，再折向西南，长城的走向与400毫米等降水量线吻合得很好。

为什么长城偏巧建在400毫米等降水量线上？

降水量的多少，对于地表植物的生长至关重要。如果降水量少于400毫米，地表植被就会以耐干旱的草为主，那么在这些地区生活的人们就必须采取放牧牛羊的方式养活自己。虽然开垦草原生产粮食也并非不可以，但没有降雨量的配合，产量低不说，几年下来，土地就会沙化，无法继续种庄稼。所以，在400毫米等降水量线以北的地区，成为游牧民族的理想家园。

反之，当降水量大于400毫米时，人们就可以开垦农田，比如在华北地区种植小麦等作物，就可以获得不错的收成。于是，在400毫米等降水量线以南，古代人的职业大多选择当个农民。

在中国古代，中原的农耕生产方式向北最远只能扩展到这条降水量线附近，而北方的草原游牧部落如果向南突破了这条老天爷划定的界线，也会感到自己的牛羊没有足够的草场，畜牧生产不合时宜。于是400毫米等降水量线就成为农耕民族和游牧民族的分界线。

但是，等降水量线是死的，人是活的。中原文化是以农田为基础的农耕文化，更提倡安居乐业，能够自给自足，不需要对外劫掠。可是游牧民族的情况却不太妙，在某些严寒的年份，或者畜疫流行时，他们的牲口大批死亡，整个部落就会陷入生死存亡的绝境。在得不到南方农耕民族的救济的时候，游牧民族就只好兵戎相见，南下劫掠钱粮。此外，游牧民族为了获得中原文明的一些财物，比如布料和茶叶等，也会时不时地骚扰中原王朝的边疆。

于是一个严峻的课题摆在了农耕民族面前，如何对付北方这帮野蛮的强盗呢？

秦始皇算了一笔经济账

公元前215年，在今天内蒙古的河套地区，秦朝大将蒙恬率领以步兵为主的秦军，与凶狠的匈奴骑兵展开了一场殊死之战，刚刚统一天下的秦军士气正旺，一举拿下了河套地区。匈奴残部望风而逃，远遁大漠。

然而，凯旋的秦军得到的命令却不是再接再厉，攻占漠北，而是转攻为守，30 万大军以战国时期燕、赵、秦三国的北方长城为基础，就地修筑长城，从西北的临洮一带一直延伸到辽东，横贯东西的万里长城第一次出现在人们的面前。

究竟是什么导致了秦始皇停止北伐，反而耗尽全国的财力、人力去修筑长城呢？因为秦始皇不仅是我国古代一位杰出的政治家，他还是一位卓越的经济学家，他肯定算过一笔经济账。

让我们站在秦始皇的角度来思考对付匈奴的难题。首先，秦始皇统治的民众基本上都是农民，而如果要深入大漠与匈奴作战，就需要相当数量的骑兵。把平时基本不骑马的农夫转变为强大的骑兵，不仅要花费大量的时间、金钱，同时由于这些农民当了兵，不能再从事农耕了，还要蒙受生产上的损失。

况且即使有了强大的骑兵，要送他们到北方草原深处作战，粮草的运输和损耗也是一笔很可怕的开销，古代没有高速公路和铁路，粮食运输十分不便。《史记》中曾经记载，从中原地区运送 1 石粮食抵达北方的前线，路上运输队消耗的粮食竟达到了 192 石！

而匈奴骑兵的作战成本却很低，游牧民族从小在马背上长大，既是放牧者，也是战士，角色转换很容易，甚至可以一边放牧，一边作战，后勤保障比农耕民族好多了。

农耕民族作战的成本比游牧民族要高，而作战的收益却很可怜。即使占领了广袤的草原，却无法耕种。中原王朝的税收是从农民的头上获取的，没有了农民，要那么大的草原有什么用处？即使打赢了对游牧民族的战争，也要被高昂的战争成本压垮。

汉武帝雄才大略，曾经在对匈奴的战争取得了辉煌的胜利，可是劳民伤财，大大削弱了国家的经济实力，直接导致了汉朝的衰落；明成祖朱棣的大军五出漠北，苦战多年，把蒙古各部赶得四处奔逃，但仗打到最后，先吃不消的却是明朝。

反观骑马的游牧民族，他们来去如风，掠夺农耕民族积累的财富轻而易举，收益惊人。成本低，收益高，游牧民族怎么会不热爱劫掠战呢？

得想个招儿，改变成本和收益上的巨大反差。秦始皇借鉴战国时期的策略，想到了修筑长城。有了长城这种防御工事，流动的战场将会变为固定的战线。游牧民族无法重演来了就抢，抢了就跑的闹剧，必须先在长城一线与守军打一仗。

如此一来，成本和收益就改变了。防守的农耕民族可以从附近的农田中获得粮食，进攻的游牧民族却远离了放牧的草场。而且长城一线多群山，重要的道路上又修建了坚固的关隘，游牧民族往往还没有抢到东西，就先挨了一顿打。

依托长城打防御战，农耕民族不用训练骑兵部队，训练成本得以降低，又因为士兵原本就是农民，有了固定的根据地，熟悉农活的士兵们在闲时完全可以就地屯垦，后勤的负担也小多了。

说句实话，农耕民族的杰出代表秦始皇虽然没有读过现代的《经济学原理》之类的著作，但他大规模修筑长城的举动，的确与经济学最基本的成本、收益规律是相符合的。修筑长城固然要耗费大量的人力物力，在短期内经济压力很大，但从长远来看，秦始皇的这笔账算的很精明。

此后的各朝各代，只要有条件、有需要，也都尽量采取修筑长城的方式防御北方的游牧民族。比如明朝成化年间，蒙古鞑靼部常常进犯陕北、甘肃一带，皇帝于是召集大臣讨论防御事宜。大臣们算了一笔账，如果征集 5 万劳工，用两个月的时间修葺长城，耗银不过 100 万两，而派出 8 万大军征讨鞑靼入侵者，每年粮草、运费折合银两，总计耗银近 1000 万两。成本高低一目了然。而且，军人可以在长城之内屯田耕种，获得一定的粮食，这就节省了从内地调粮食到前线的巨额成本。于是，明朝的皇帝们选择了修建长城，我们今天看到的雄伟长城就是那个时期完工的，在元朝初年就来到中国的马可波罗自然是看不到明朝长城的。

万里大墙没啥用?

秦始皇的经济账计算很精明，理念很先进，愿景很美好，但事情是人办的，长城能否发挥经济效益，还要看办事的人执行力如何。

越是规模巨大的工程，就越需要精确的管理。像长城这种绵延万里的防御工事，需要有完善、系统的管理制度保障，还要有能够严格遵守制度的管理人员。偏偏中原王朝的根基是亿万个自耕农，各家各户耕种自己的一亩三分地，然后上交皇粮，养活上层的贵族和皇帝。除了按时按量交皇粮之外，自耕农往往各自为战，并不会产生出更高效的组织，比如农业公司、农业托拉斯之类的企业，中原王朝也不愿意看到民间兴起一些挑战皇权的组织，威胁到皇上的龙椅。

总之，中原王朝在管理上具有先天的弊病，没有制造出有能力的管理人员，很难精细地管理长城这样的大工程。王朝初兴的时候还好说，没有那么多吃闲饭的贵族要养活，开国之君往往管理能力也不错，此时长城可以御敌于国门之外。但是到了一个王朝的中后期，往往朝纲松弛，管理的弊病就显现出来，于是长城防线从一根紧绷的弓弦变成了松软的橡皮绳，有外敌压力的时候紧一下，没有外敌压力的时候就松下来。当强敌大兵压境，橡皮绳被挣断的时候，长城就被攻破了。

更为要命的是，游牧民族同样具有学习能力，他们也一直在努力！

中国历史上早期的一些游牧民族，比如匈奴、柔然之类，基本上把长城以南当作是自己的"财物牧场"，劫掠一番后就北归，不会定居下来。但是后来的一些游牧民族，比如建立了辽的契丹和金的女真，随着和农耕民接触的增多，对农耕民族的农业技术并不陌生，当他们侵入到长城以南后，往往能入乡随俗，定居下来，或者自己弃牧从农，或者继续让当地自耕农耕种农田，通过向自耕农收税维持国家的运转，这就和中原王朝没有什么区别了。

这就是为什么汉朝之后、明朝之前这么一大段时间中，长城的修葺始终小打小闹的原因。游牧民族既然学会了入主中原的农业技术，一旦突入长城以南后，很容易安营扎寨，长期控制农耕地区。如果我们还从成本和收益的角度分析，就会发现不论是五胡乱华时的各路胡人，还是后来的契丹人、女真人，由于可以从长城以南的占领区获得足够的粮食，成本降低了，再仰仗比中原民族的步兵更强悍的骑兵打拼天下，收益很大，因此他们基本上都能扎根在长城以南，此后的蒙古人甚至先灭掉了北方的金，后灭掉了南方的南宋，把长城南北完全统一了起来。

所以，随着游牧民族的技术进步，长城的经济效益在不断地下降，长城两侧的拉锯战，明显地倾向了游牧民族一边。近代学者王国维曾经评价金国利用长城抵御蒙古人，说如果金国实力处于比较强盛的时候，蒙古人又没有铁木真那样强悍的首领，守卫长城沿线的女真将领不太笨的话，那么长城的防御效果还算有些作用。这段话道出了金国的无奈，那时的长城就如同是鸡肋一样，修建要浪费银子，不修要被劫掠银子，翻译成经济学的说法就是，成本和收益差不多相等，这买卖可干可不干。

如果放弃了长城，任由游牧民族寇边，显然行不通。该到了农耕民族出新招的时候了。

长城被经济学打败了

先让我们来看一个“农夫与牧民”故事。一个农夫和一个牧民做邻居，他的庄稼总是被牧民的牛啃吃。农夫有以下几个方案可以选择：第一是把牧民告上法庭，要求牧民赔偿自己的损失，不过打官司也要搭上钱财和时间的，还要和邻居反目成仇，为了一点庄稼也许不值得。第二是在农田和牧场之间修建一道篱笆，防止牛进入农田。不过修筑篱笆需要花钱买木料、钉子，还得吭哧吭哧地忙活好多天。

有没有成本更低的解决方法呢？有！农夫可以直接给牧民一点钱，买根绳子把牛拴住，不让牛乱跑。这笔钱显然比打官司和修篱笆的成本低多了。

等一等，等一等！牛把农夫的庄稼吃了，农夫没得到赔偿，凭什么还要倒贴给牧民一笔钱？听上去太不公平了，在此强调一下，本书讨论的不是公平和道德问题，而是经济和历史问题。对于农夫来说，他要解决和牧民的纠纷，不论是支付给法庭的诉讼费、修篱笆的人工和材料费，还是给牧民买牛绳的钱，都属于经济学上的“交易费用”，是为了达成交易（比如让牛不再啃庄稼）而支付的费用。

站在纯粹的经济学角度，只要这笔费用能够降低，就相当于农夫和牧民赚钱了，获得了收益。既然给牧民一笔买牛绳的钱是最低廉的，那么农民就应当采用这个方案！对于牧民来说，更是不愿意和农民打官司，也不愿意农民修筑篱笆，这都不如农民给自己一笔钱的收益大。

现代经济学家管这叫什么来着？对，双赢！

中原王朝经过了漫长的摸索，付出了血的代价后，才逐渐明白了交易费用的道理。汉武帝对付匈奴是霸王硬上弓的策略，打出卫青和霍去病两张王牌，准备一举干掉匈奴。这就类似是农夫和牧民在法庭上较量，两败俱伤，无法弥补自己的损失。其实秦始皇就早就看清楚了这一点，所以即使手中有强悍的秦军，他采取的方案却是在自己中原大农田的北边修建一道巨大的篱笆墙，也就是万里长城，阻挡北方匈奴，自己安心地做大农场主。

秦始皇的方案并不是最省钱的方式，最先真正理解并应用了交易费用原理的中原王朝，是中国古代有名的窝囊废朝代——宋朝。不论北宋还是南宋，都靠向辽、金、西夏馈赠岁贡的方式，换取了长期的太平。本书在后面篇章中对宋朝这段花钱买和平的历史有专门的介绍，此处先按下不表。

除了花钱消灾之外，在实力允许的条件下，中原王朝其实还有更好的策略，那就是和游牧民族做生意，也就是所谓的互市。史书上总是把游牧民族描述的野蛮粗鲁，其实长城内外的人都长着灵长目人科人属智人种的脑袋，甚至都属于蒙古人种，智力相差无几，更愿意明智地做生意的人其实并不是中原王朝，而是游牧民族！

明朝时期，蒙古的俺答汗就曾经向明朝说过掏心窝子的话，他说蒙古人南下劫掠，无非是想得到草原上没有的锦帛茶叶等商品，可是越过长城动手去抢，很多时候抢不到多少锦帛茶叶，只能抢一些人口和牲口，偏偏人口和牲口并不是草原上缺乏的。而且，就算是抢劫计划顺利实施，依然难免有伤亡和损失，算来算去，还不如双方和和气气地互市，彼此做买卖合算。于是，俺答汗恳请大明皇帝和自己做边境贸易。

从经济上看，如果能够彼此做生意，获得的收益比单纯的花钱消灾要更好，买卖双方获得的利益更大。对于草原上的游牧民族来说，奶茶是一种重要的饮品，可以抵消牛羊肉的油腻，偏偏制作奶茶的原料之一茶叶却产自江南地区；对于中原王朝来说，动物毛皮是高档的奢侈品，但自己的疆土内产出的毛皮量却无法满足需要。用茶叶换毛皮，双方的生活质量都会提高，何乐而不为呢？

面子！面子是人们心中的大墙，它经常阻碍长城内外的民族做贸易。长城内的汉民族往往自诩天朝上国、文明开化，对四周的民族往往用蛮夷相称。加上古代中国重农轻商，商人地位低下，更不用说蛮夷的商人了，所以一个朝代要和周边民族做贸易，可谓屈尊了，往往要在朝廷上争执很久、压下儒生们的那顿大道理才能实现。偏偏长城外的游牧民族生性彪悍，脾气也大，遇到汉民族对其不尊重时，面子上过不去，往往拔刀相向。古代社会不总是为“人民币”服务的，也经常为面子服务。

好在长城内外有时也能达成贸易协定。1570 年左右，明朝与蒙古各部达成了和平协议，并在边境上开展互市贸易。从此，大明王朝的北方边疆稳定了许多，据估计，仅仅是军费明朝就节省了 70%，如果算上互市带来的价值，那就更可观了。在明清两代叱咤风云的山西晋商，就是在互市开展后，利用自己靠近边境的地理优势，大做贸易而发家致富的。

到了清朝的时候，皇族本来就是游牧民族出身，自然明白游牧民族的心思。清朝皇帝册封了许多蒙古王爷，还让皇族与蒙古贵族联姻，并赐予许多蒙古贵族草场、领地和俸禄，这相当于是用钱贿赂游牧民族。至于贸易，清朝的疆域已经囊括了长城内外，游牧民族和农耕民族的交易完全变成了国内的生意，畅通无阻。

当农夫和牧民已经融洽为一家人的时候，还需要长城做什么？整个清朝时期，政府再也没有修筑过长城。

两边人诅咒的围墙

清朝以及更早的元朝其实是特例，两个朝代都疆域广阔，把长城变成了自己家庭院内的一道花圃篱笆，自然不会琢磨着加固篱笆，给自己在家里溜达凭空制造障碍。但在其他的朝代，当长城一线就是边境的时候，即使游牧民族不跃马扬鞭南下，愿意与中原王朝老老实实做贸易，中原王朝依然会严密地守卫着长城和关隘，只是守军冷面相对的方向不是北方，而是南方。

难道他们都叛变了本朝的革命事业，去为游牧民族镇守边关吗？

非也！我们永远不要忘记，古代中国是一个自耕农的社会，社会税收来源于自耕农。这些农民处于社会的底层，每年上交了皇粮之后，已经所剩无几，一有天灾人祸，难免陷入困顿。如果国家不能及时救济灾民，为了生存，民众就会背井离乡去逃难，包括逃向长城之外。此外，长城附近靠南一侧，原本就有许多人熟悉北方草原，甚至有些人在北方还有亲属。一旦中原地区局势不稳，他们就会考虑移民关外。

中国的皇帝是靠农民的税收养活的，走掉一部分农民，就等于是走掉了一部分税收。所以有些时候，中原王朝最担心的事情不是胡人扰边，而是子民外逃。汉元帝时期，匈奴威胁减弱，许多大臣主张停止修筑劳民伤财的长城，只有郎中侯应上书，很明白地告诉皇帝，长城不仅是防御北方游牧民族入侵中原的屏障，而且也是防止关内各类人等外逃的藩篱。这位曾经把王昭君送给匈奴人的汉元帝立刻明白了此中玄机，长城防务万万不可废止，全心全意保卫人民（别外逃）。

秦汉时期，不要说远行到长城之外，就是在国境内迁徙，也得层层上报，得到批准后才可以动身。在一块出土的汉简上曾经记载，一个叫崔自当的人要到居延去采买家中用具，乡里的负责人向县衙官员出具了这个人没有犯罪前科的证明，县衙于是颁发了通行证，通行证上写着此人没有犯罪前科，各关卡可以按照律令规定，给他办理过关手续。

中原王朝把老百姓尽量地束缚在自己的土地旁边，束缚在家乡，并不只是为了治安管理的需要，更重要的方面是人口管理和税收的需要。如果老百姓可以到处迁徙，收税的时候找不到人，官员们交不了差，他们的乌纱帽恐怕不保，麻烦大了。

所以，面对绵延万里的大墙，游牧民族自然是会诅咒它早点儿倒掉的。而中原的穷苦百姓也不会因为长城而感到做为一个中原人很有面子，他们也会诅咒这堵大墙。面子对于穷苦百姓来说是次要的，生存却是必需的。如果长城威胁到了百姓的迁徙，进而威胁到他们的生存，这样的“政绩工程”要它何用呢？

幸亏明朝的长城修筑的十分坚固，而且距今不过500年，许多墙段风采依旧，比如八达岭长城，如今变成了世界闻名旅游景点，成为当地旅游产业的摇钱树之一。长城在历史上的经济贡献不敢恭维，后世却有如此喜感的经济贡献，两相对比，令人慨叹。

第四篇

争霸西域不为钱

德国地理学家李希霍芬曾经多次考察中国内陆地区，并在自己的著作中，把汉朝时期中国与中亚之间的贸易道路冠名为“丝绸之路”，这个词汇迅速流行开来，逐渐指代了古代中国与中亚、南亚、西亚乃至欧洲之间沟通彼此的漫长道路。而且，也正是因为这个词汇的流行，人们逐渐以为，丝绸之路就是一条以丝绸为主要商品的贸易路线，汉唐时期的中原王朝与其他王国在西域浴血拼杀，为的就是保障丝绸之路的畅通，保障滚滚而来的贸易财富。

其实，汉朝与匈奴在西域争霸，主要目的还真不是为了贸易。

貌似滑稽的“天马战争”

在贰师将军李广利的带领下，三万汉军围攻大宛都城贵山城的战斗已经持续了40余日，贵山城外城已破，大宛王毋寡率领贵族退入内城负隅顽抗。不料城内贵族发生哗变，杀死毋寡，派人带着毋寡的首级赴汉军大营求和，愿意把大宛良马赶出来供汉军挑选，请求汉军不要再进攻内城，并且声言如果汉军不答应，就杀掉良马，血战到底，拼个“马死城破”。

当时，周围康居国救援大宛的军队已经逼近此地，李广利权衡再三，答应了大宛贵族们的请求，停止进攻内城。大宛方面也赶出马匹供汉军挑选。李广利又选择了亲汉一派的贵族立为大宛王，双方盟誓后，汉军带着良马，得胜东归。这就是被后人津津乐道的“天马战争”。

大宛国在今天的中亚乌兹别克斯坦一带，属于费尔干纳盆地，物产较为丰饶。大宛到西汉都城长安的直线距离接近4000千米，距离西汉的西边直辖国界敦煌一带也有3000千米。汉武帝聚集大军劳师袭远，越过今天广袤的新疆大地，去攻打大宛，战争的理由略有一些滑稽——大宛不卖马给汉朝。

为了改良中原大地的战马品种，汉武帝曾派出使团，带着黄金千斤和一个黄金的马匹塑像，求购养马名国大宛视为国宝的汗血马，也就是金庸在《射雕英雄传》里描述的郭靖骑的那种马。

大宛的汗血宝马就像是今天的悍马越野车一样，在当时受到各国的追捧，也算是高科技产品了，岂可轻易送人？大宛当然知道汉朝很强大，不过由于相距遥远，中间隔着雪山大漠，大宛真没把汉朝的要求放在眼里，干脆地拒绝了这笔交易，不但没有卖马，还把叽叽歪歪的汉使杀掉，夺走了黄金。这才引来了震惊整个西域的“天马战争”。

为了几匹好马就兴师动众去攻打几千千米以外的国家，这种疯狂的事情不像是雄才大略的汉武帝的智商会做出来的。毫无疑问，貌似荒唐的“天马战争”是汉武帝经营汉朝的巨大棋局中的一步险招，而与强盛的汉朝对弈的，就是称雄草原的强大游牧民族——匈奴。

匈奴是中原王朝的宿敌，汉高祖刘邦曾携统一天下的余威征讨匈奴，却被匈奴的冒顿单于带领大军围困在白登山，即今天的山西大同一带，差点全军覆没。此后匈奴对垒汉朝一直不落下风，逼迫汉朝不得不采取和亲和纳贡的策略，牺牲自己的面子和财物，换取一时的和平。直到汉武帝登基后，养精蓄锐几多年的汉朝，终于开始主动出击。

可是，汉朝与匈奴在长城沿线直接肉搏，地处西面的西域诸国不过是路人甲、路人乙，在旁边围观而已，他们和这场亚洲东部地区的争霸战有什么关系呢？

汉朝对卖丝绸没兴趣

其实撇开匈奴不论，西域这块地方对于汉朝来说，还真是没有什么油水可捞。

汉朝时期的西域，大概位于玉门关以西，葱岭（即今天的帕米尔高原）和巴尔喀什湖以东的区域。唐朝王之涣的《凉州词》写道：“春风不度玉门关。”从气候角度说，玉门关向西，属于非季风区，每年从东南方向吹来的夏季风是无法到达西域地区的。因此西域属于干旱少雨的地方，大致可以以天山山脉作为划分，北面是可以放牧牛羊的草原，南面则是塔克拉玛干沙漠，在沙漠与高山的交界，分布着星星点点的绿洲。

对于汉朝向西域扩张的理由，历史学家曾经提出过两个解释，一个是对外贸易特别是丝绸贸易的需要。

我们都知道张骞凿穿西域的壮举和丝绸之路的兴起。自从汉武帝派张骞历尽艰辛出使西域，“凿穿”了西汉与西域乃至更西方国家的联系后，从中国北方一直延伸到古罗马帝国的丝绸之路上的贸易就繁荣起来，丝绸成为这条贸易路线上的标志性商品，它是古代中国非常重要的出口商品。

从汉朝到罗马的丝绸之路上，西域是跨越整个亚洲的必经之地。丝绸之路在西域大体上有三条线路，沿着天山南北各有一条，沿着昆仑山山麓也有一条。在汉朝时期，这几条道路分别连接了一些绿洲王国。从经济角度看，如果能够控制西域的这些绿洲王国，贯通丝绸之路，中原王朝比如汉朝就可以利用这几条贸易线路赚大钱。

但事实却并非如此。根据一般的说法，汉朝向西方特别是古罗马帝国出口了大量的丝绸，当时古罗马帝国的流通货币主要是金币和银币，按说汉朝应该赚回了大量的古罗马金银币。可是多年来的考古发现却表明，在中国境内发现的古罗马金银币屈指可数，还都主要在新疆地区出土，中原地区几乎看不到古罗马货币的踪影。

丝绸贸易赚的钱没有落到汉朝人口袋里，这是为何？

汉朝的丝绸的确远销到欧洲的古罗马地区，但主要不是中原商人把丝绸运输出去的，绝大部分的丝绸都是由外国商人从中国采购，然后一段路一段路地接力运输到西方的。古罗马的博物学家普林尼曾经记载，丝国人自己并不主动卖丝绸，他们的贸易都是由外国人来这个国家成交的。司马迁的《史记》也记载，西北各国使者成批到来，络绎不绝，很多都是来做贸易。甚至欧洲马其顿的商人也曾穿越西亚、中亚，越过塔里木盆地，不远万里来到中国，采购丝绸卖到西方去。

古罗马人的丝绸进口记载也表明，他们得到的丝绸几乎都是从中亚的安息（位于今伊朗附近）、贵霜（位于今帕米尔高原、巴基斯坦和印度北部一带）和其他地区的中间商那里获得的，因此罗马支付的金币主要被中间商赚到了，中间商截留了相当可观的贸易利润，而作为丝绸产地的中国，得到的贸易利润并不太多。

汉朝以外的地区的确很喜欢丝绸，但是从政府层面上看，汉朝却对出口丝绸赚大钱没什么兴趣。从官方记载来看，丝绸主要是用来当作赏赐之用的，皇帝会向一些绿洲王国的国王、贵族赏赐一些丝绸，以奖励或者拉拢他们站在汉朝的阵营里。那个时候的丝绸是昂贵的奢侈品，绿洲王国的国王、贵族接受了赏赐后，如果自己消费不完那些丝绸，就会把一部分丝绸转手卖到离汉朝更远的国家去。但这并不是汉朝自己想做这样的贸易。

真正的丝绸贸易在民间是存在的，特别是一些西域的商人为了谋取高额利润，会想方设法从汉朝搞到丝绸，然后通过丝绸之路贩卖给别人。汉朝并不鼓励自己的民众从事这样的贸易。因此丝绸之路不过是民间商人，特别是西域和其他西方国家商人，自发形成的贸易路线，与汉朝经营西域无关。

脆弱的绿洲压力山大

关于汉朝控制西域的另一个解释是，汉朝需要一些附属国作为“殖民地”，从殖民地获得丰厚的利益。然而如果我们真正了解了这些绿洲王国的社会经济状况，就会知道这个解释也是站不住脚的。

虽然西域的绿洲文明看上去异域色彩浓郁，和中原面貌不一样，但其实从社会经济基础角度讲，每一个绿洲王国就好像是中原王朝的缩影。说起来有点难以置信，绿洲王国的经济基础其实也是农业，具体来说是利用高山雪融水进行灌溉的精耕农业。考古发现表明，绿洲王国里有一些生活奢华的富人，他们要么是权贵，要么是商人，但是大多数人还是贫穷的农民，他们的购买力很低，不过他们的劳动仍然给绿洲王国的统治者提供了一些赋税，支撑起脆弱的绿洲政权。

西域也出产美玉、名马和地毯一类的奢侈品，颇受汉朝上流社会的喜爱。在班固写给他远在西域的弟弟班超将军的好几封信中，谈到有一位窦先生（可能是皇帝的姻亲），从西域购买了各种奢侈品。其中一封信说，窦先生曾经寄送80万钱到那里去，购买了10多张地毯。另一封信是通知他的弟弟，窦先生正在运输700匹杂彩（彩色的丝织物）和300匹白素（白色的丝绸）到西域，打算购买诸如月氏马、苏合香以及羊毛纺织品等奢侈品。

如果汉朝出兵征服西域，当然可以获得这些声色犬马的奢侈品，满足一部分富裕阶层的需要。但是对于汉朝这样庞大的帝国来说，西域的这一点点奢侈品对于整个国家的财富增加不会带来实质性的增加。很多时候西域国家上贡的这些珍稀物品，对于汉朝皇帝来说只是具有荣誉性的价值，贡品代表了那些国家对汉朝表面上的臣服。如此而已。

攻占绿洲对于强大的汉朝来说并不难，每个绿洲王国的人口通常只有几万到十几万人，军事力量孱弱，汉朝的军队只要到达绿洲，就很容易占领那里。军队甚至还可以利用当地的农业基础，获得一些粮食等方面的给养。但是真要从绿洲榨取足够多的经济利益，基本上是没戏的。

而且西域的绿洲王国国力很有限，他们甚至在给汉朝的往来使团提供后勤保障上都很勉强。实际上，从汉朝向西域扩张的早期，一些西域的小国家就已经抱怨他们不得不给汉朝使者提供大量的物资。而且，食物等的供应不仅要提供给派往西域的汉朝使者，还要提供给从各个国家前来，向汉朝派去的使团。在汉武帝时期，汉朝使者必经之地的楼兰、车师等国，就因此而陷入非常穷困的境地。前往西域的汉朝使团规模大的有好几百人，较小的使团人数也超过一百人。一年之中，经常会有五六个甚至十多个使团到西域去。

公元10年，王莽决定派遣一个外交使团到西域去，得到这个消息后，车师国国王非常不安，甚至打算逃到匈奴去，以躲避沉重的财政负担。因为此前该国刚接待了一个使团，花费了一些财物，还没缓过劲来，如果再接待一个使团，这个国家的财政就要崩溃了。绿洲王国连使团接待都勉为其难，更不用说养活汉朝在西域的驻军，以及给汉朝提供税收收入了。

匈奴被一记勾拳打懵了

那么，汉朝为什么还要苦心经营西域呢？这主要是很单纯的战略考虑。

汉武帝派遣张骞前往西域的初衷，是想联合匈奴的宿敌大月氏共同对付匈奴。月氏这个部族原本活跃于我国现在的河西走廊一带，甚至还曾经一度压制了强大的匈奴，更是把同样活跃在河西走廊一带的其他部族赶得到处跑，比如乌孙。可惜好景不长，匈奴在冒顿单于的带领下强大起来，并联合乌孙等部族一举击败了月氏，一部分月氏人逃往昆仑山、阿尔金山一带，形成了小月氏。另一部分向西迁移，在天山中的伊犁河谷抢到了地盘，这就是大月氏。此后宿敌乌孙人乘胜追击大月氏，又把大月氏赶到了更西面，自己占据了伊犁河谷。

敌人的敌人就是朋友。匈奴是汉朝和大月氏的共同敌人，那么大月氏就有可能成为汉朝的朋友，为汉朝打击匈奴助一臂之力。汉武帝想的很美好，但是张骞和遥远的大月氏接触后发现，几代人过后，远遁而走的大月氏早已没有了要复仇匈奴的念头。其实就算是大月氏有心复仇，中间也隔着乌孙和其他西域绿洲国家，八竿子也打不到匈奴了。

联大月氏抗匈奴的战略设想虽然破灭了，但是张骞阴差阳错地推开了西域的大门，让汉朝立刻看到了西域的真正价值，这价值不是赚钱，不是地盘，也不是拥有了西域对汉朝有多重要，而是体现在一旦匈奴没有了西域，会有多糟糕。

此话怎讲？这是由汉朝、匈奴与西域的经济模式决定的。

西域的绿洲王国主要是灌溉农业经济，而匈奴帝国是游牧经济，两者其实可以互补，如果匈奴控制了西域，最起码可以获得一定的粮食，西域的那点余粮对于以农业立国、人口众多的汉朝来说，连塞牙缝都不够。但对于在草原上游牧，人口本来就不多的匈奴人来说却很宝贵，能够在大灾之年牲畜大减的时候有口粮吃。西域的许多国家，尤其是邻接匈奴和汉朝的车师，已经有了比较发达的农业经济。在汉朝控制这一地区之前，匈奴的农作物食品供应很大程度上依赖于这些国家生产的谷物。

原本在汉武帝之前，汉朝还没有和匈奴撕破脸血战的时候，匈奴人可以通过边贸市场交易，进入汉朝领土掠夺以及通过和亲纳贡等方式获得各种草原所需财物。但是当汉武帝转守为攻后，市场交易没有了，贡品也没有了，而且两国交界附近的牧场也无法放牧了，匈奴的经济不得不严重依赖西域绿洲国家的粮食和其他财物。汉武帝之后的汉昭帝时期，为粮食短缺所困的匈奴人甚至派遣4000多名骑兵，前往车师耕种土地。

此外，西域还能向匈奴提供一些军需物资，比如铁制兵器，必要的时候，匈奴还可以征集西域的属国士兵参战。匈奴在西域征收赋税，这笔收入对于匈奴是相当可观的。最后，如果匈奴控制了西域，就多了一条攻击汉朝的西北路线，让其防御战线变得很长，这对于汉朝的防御十分不利。因此控制西域还有掐断匈奴进攻路线的重要价值，当然汉朝也可以对绿洲王国的对抗行为防患于未然。

说白了，没有西域，汉朝的日子也照样过，但是匈奴离开了西域，日子就不太好过了。因此汉朝要打击匈奴，就要紧紧控制西域，让匈奴得不到粮食和军需，这能够有效地削弱匈奴的力量。这才是汉朝经营西域的真正战略价值。

“天马战争”就是一次杀鸡骇猴的军事行动，经此一役，汉朝在西域打出了威风。李广利还在西域屯田开渠，使得天山南麓一线，也就是现在的新疆的吐鲁番到阿克苏一带，成为了西汉军队的重要粮仓和基地。西域最重要的通道和大量的绿洲控制在了汉朝的手中。

汉朝在西域还找到了一个重要的帮手，说起来有些怪异，它就是曾经与匈奴并肩战斗的乌孙。乌孙曾经借助匈奴的力量，一路把大月氏赶跑，盘踞了西域水草丰美的伊犁河谷，按说与匈奴关系不错。不过此一时彼一时，乌孙在伊犁河谷逐渐强大起来后，自然不愿意对匈奴俯首帖耳，上贡称臣。正在这个时候，汉朝在西域闪亮登场，乌孙为了寻求更大的利益，开始在匈奴和汉朝之间找平衡，甚至很多时候还完全倒向汉朝一边。乌孙人不怎么务农，主要以放牧为生，乌孙的战马也颇为有名。汉朝想要好马，根本没必要去大宛，找乌孙也可以解决问题。这也从一个侧面反映了只为几匹马进行“天马战争”的理由是不成立的。

汉朝在西域的战略执行也是一波三折。西汉与东汉朝代更迭期间，汉朝在西域的实力一度退缩。汉光武帝统治末期开始，有好几个国家在西域崛起，第一个在西域成为霸主的国家是莎车，这个地处塔里木盆地西缘的国家趁东汉忙于安顿内政，匈奴因干旱和瘟疫而实力削弱之机，企图征服整个西域。公元 45 年，包括车师、鄯善、焉耆在内的 18 个西域国家将人质和贡品送到东汉朝廷，要求获得军事保护，以抵抗莎车的步步紧逼。他们甚至坦率地告诉光武帝，如果东汉不能保护他们逃脱莎车的吞并，他们唯一的选择就是转向匈奴，当时已经是北匈奴。光武帝并没有实力保护这些西域国家，于是他们倒向了匈奴人，北匈奴在西域重新建立起他们的势力根基，一时间气焰大盛。

此后，莎车的实力迅速下降，其他国家比如于阗、鄯善和车师群起争夺西域霸权。然而西域注定难以通过内部“整合、并购”，形成一个统一的国家，在于阗击败莎车后不久，北匈奴就组成一支超过 3 万人的联军袭击于阗，结果于阗王向北匈奴投降。西域又落入了匈奴人手中。

如果不能重新夺回西域，匈奴人又会卷土重来，重新威胁汉朝的基业。国际形势的风云变幻成就了班超的旷世奇功。公元 73 年，班超作为汉朝特使前往西域，沟通汉朝与西域各个绿洲王国的关系，希望能够与这些国家建立同盟，共同对抗凶悍的匈奴。班超在西域大展神威，“不入虎穴，焉得虎子”，凭借高超的外交手腕和卓越的军事才能，他成功地切断了几个主要的绿洲国家比如鄯善、于阗和疏勒与匈奴的联系。短短十几年的时间，塔里木盆地边缘的绿洲王国几乎都依附在东汉王朝的控制之下。

班超的功绩对北匈奴的打击是巨大的。绿洲国家集体倒戈，再加上内乱，让北匈奴一蹶不振。公元 87 年，崛起的鲜卑民族从东方偷袭匈奴，杀死了优留单于。这次袭击给匈奴带来了一场浩劫，竟然有 58 个部落、20 万平民和 8000 士兵来到东汉的边郡，希望东汉能够接纳他们，结果他们被安置在东汉边境。几年后，残存的匈奴势力不得不向西迁移，挤占乌孙人的地盘，将他们的王庭迁往伊犁河谷，而蒙古高原则被鲜卑所占据了。

匈奴，这个与中原王朝缠斗了几百年的游牧帝国，终于日薄西山了。匈奴帝国的没落固然有自身内部争斗和多民族共同打击的原因，但是汉朝夺取了西域的控制权，一记凶狠的勾拳打蒙了匈奴，这也是匈奴衰落的重要原因。

西域是中原王朝的一杯苦酒

此时的西域国际形势对于东汉真是一片大好。然而没过多久，公元 107 年，东汉就召开了“记者招待会”，宣布全面撤出西域地区，结果残存的匈奴人从伊犁河谷杀出，回光返照般地又一次称雄在西域绿洲之间。

为什么东汉会如此轻易地就放弃了几代人辛苦打下的西域基业?

汉朝之所以要控制西域，那是为了削弱强大的北方游牧民族。此时，匈奴已经跑到了西面，而北面的几个游牧民族还不能威胁到汉朝的安全。既然北方边关的压力减轻了，东汉还有必要拉拢西域各国吗?这时候东汉的皇帝突然发现，要维持西域的控制权，太费钱了。

公元 91 年，一个大臣给皇帝算了一笔账，认为每年用于经营西域的费用高达 7500 万钱，这个数字很可能只是对绿洲王国的常规援助费用，并不包括驻扎在西域的汉朝军队的开支，以及时不时出现的战争的开支。所以从国家财政的角度看，把广大的西域纳入到中国的版图之内，并在那里屯田驻军，都是赔钱的买卖。

西域的战略价值下降了，于是巨额的代价就成为东汉皇帝头疼的一件事。最终，东汉决定从西域全面撤离，甩掉西域这块得不偿失的包袱。虽然后来偏安在伊犁河谷的匈奴余部再次出击，侵扰各个绿洲王国时，东汉由于担心匈奴咸鱼翻身，又派遣班超的儿子班勇去平定西域，一度收复了许多西域绿洲，但最终东汉在西域的控制力还是逐渐消失了。

难道汉朝不能像拥有黄河流域、长江流域那样，拥有塔里木河流域浇灌的那些绿洲，把绿洲文明与农耕文明融合在一起吗？

从根源上说，西域的绿洲文明看似与中原的农耕文明体系有相似之处，但在古代的地理、科技和经济条件下，两种文明很难真正实现“无缝对接”。

与中原王朝境内大片的良田不同，西域的这些绿洲王国就好像是“原子社会”，绿洲的特点导致了在比较狭小的水源地区集中了大量的人口，而周围广袤的地区是荒无人烟的沙漠，或者人烟稀少的草原。虽然绿洲王国的社会和经济模式都差不多，基本上都是灌溉农业，加上一点丝路贸易，但是它们很难联合起来组成大的帝国，因为每个绿洲都是自给自足的，彼此井水不犯河水。绿洲王国之间除了互相保持丝路的畅通外，彼此再没啥交流的需要了。

绿洲土地之小也阻碍了其政治发展。某个绿洲中所产生的剩余人口、粮食、器具及财富使它偶尔可以发达一下，出兵攻占附近几个其他的绿洲王国，但是这个崛起的“绿洲帝国”立刻就会饱受国家分裂的折磨。西域各个绿洲国家彼此都有相当远的距离，两个邻近的绿洲王国相距几百千米是司空见惯的事情，而且这几百千米之间可不是柏油马路，而是黄沙滚滚的恶劣地带。因此就算是几个绿洲勉强捏合成一个大国，内部仍然是比较松散的，控制边远绿洲非常不容易，就是派驻到边远绿洲的将领和军队，时间一长也容易在当地坐大，拥兵自重，轻易就能叛乱自立。所以西域本身难以形成较大的强国。

于是我们纵观这些绿洲王国的历史，就会看到当周围出现强有力的入侵者时，西域各国自身实力有限，只能是随风而倒，一个强大的入侵者往往能够横扫西域几十个绿洲王国，至少也是让大部分降服。要么是一个强大的入侵者一举拿下整个西域，要么几个外来势力在西域争雄，一个绿洲一个绿洲地争夺。

但是这些入侵者拿下西域的同时就会发现，他们喝下的不是甘甜的葡萄酒，而是一杯苦酒。国家版图的合并很容易拼合，但经济的整合和文化的整合却很难。打下绿洲王国不难，但要长久地控制就绝非易事。在不能用现代公路和强大的经济把这些绿洲联系起来的时候，统治者只能寄希望于在西域的许多地方驻军，依靠军事强力来维持西域的长期稳定。可是绿洲的经济又难以承受大规模驻军的生活需求。

于是当这些绿洲王国具有很高的战略价值时，中原王朝会硬着头皮把这杯苦酒喝下去。而在北方游牧民族或是高原上的民族的威胁不大时，中原王朝总会忙不迭地甩掉西域的这些绿洲王国，减轻自身的经济压力。

反观西域的这些绿洲王国，它们不仅曾受到中原王朝比如汉朝、唐朝和草原帝国比如匈奴、突厥的威胁，甚至也曾受到来自南面青藏高原的吐蕃的威胁，以及西面山地崛起的一些势力的入侵。它们的命运很难掌握在自己手里，几千年来，西域绿洲文明的史书上都是一段段悲催的血泪史。

汉朝与匈奴在西域的长期争霸，虽然起因并不是为了经济，但影响战局发展和西域最终命运的决定性因素，仍然还是经济。

第五篇

三国群雄斗地主

为什么杨修参透了曹操所说的“鸡肋”的含义，提前收拾铺盖卷准备撤退，就被曹操杀掉了？因为杨修他姓杨。

为什么陆逊火烧连营八百里，拯救了东吴政权，仅仅因为立太子的问题上说了几句闲话，就被孙权逼迫而死？因为陆逊他姓陆。

诸葛亮为什么能够年纪轻轻，就得到刘备礼贤下士的待遇？因为诸葛亮的老婆姓黄。

一谈到三国，中国人就有了无数的话题，就像西方人说有一千个人，就有一千个哈姆雷特那样，有一千个人，就有一千种对三国故事的见解。“任凭弱水三千，我只取一瓢饮”，撇去浮在三国故事上的善恶、忠奸，谋略、厚黑，让我们从经济的角度揭示三国群雄们的难言之隐。

东汉王朝的财政困局

要真正理解三国时期的天下大势，我们得一直向上追溯到东汉的建立。西汉末年王莽篡位，建立了新朝，推行了一系列糟糕的改革，一时间天下大乱（关于王莽的改革，本书后面篇章有专门的介绍），汉光武帝刘秀在南阳豪强地主的支持下，剪灭各路起义军，复兴了汉室，史称东汉。

东汉既然是依靠豪强地主捧上台的，自然要维护这些后援团的根本利益，不仅对他们自建坞堡、铸造钱币、组建武装睁一只眼，闭一只眼，遇到豪强地主兼并小自耕农土地的事情，更是少有过问。

此外，东汉在选用官员的时候，采取了一种叫做“察举”的制度，就是由地方上推荐才能出众、孝顺廉洁之士，比如每年每二十万人中可以举荐孝廉一人，不足二十万则两年举一人，不足十万，每三年举一人。这本来是国家从下层的布衣寒士中选拔人才的方案，但由于察举的权力掌握在各郡的太守手中，察举又不像现在的高考，有客观的分数可以参考，就很容易营私舞弊。各郡太守往往与地方上的豪强地主有关联，自然会更多地举荐圈内的人士，长此以往，一些所谓的名门望族就垄断了东汉时期的仕途，不仅平民百姓无法参与政治，就是一些中小地主的优秀子弟，也很难谋得一官半职。

这样的政权注定是不稳定的。前面各篇中我们已经说过，中国社会的底层是大量的自耕农，国家的税收来自于向这些自耕农直接收税。可是豪强地主做大后，不断兼并土地，把自耕农变成自己的“农奴”，国家又无法从豪强地主那里获得什么税收时，国家就损失了许多收入。东汉王朝无心也无力打击那些豪强地主，于是就只能看着自己的税收不断地减少下去。到了东汉末年，朝廷甚至依靠卖官爵来获得足够的收入。

土地兼并还让许多自耕农破产，而中小地主的日子同样不好过。东汉王朝的大厦已经处于风雨飘摇之中，只差有人朝柱子上踢上一脚，大厦就会崩塌了。

“苍天已死，黄天当立。岁在甲子，天下大吉。”公元184年张角率领他的太平道教众终于发难，几十万头裹黄巾的农民起义军如烽火燎原，让缺钱的东汉朝廷疲于应付，一时间天下大乱，都城里宦官一派和外戚一派杀的血流成河，各地豪强地主拥兵自保，或彼此攻伐……

黄巾军并没有直接推翻东汉王朝，但却掀翻了东汉末年的政治牌局，各方力量此消彼长，一些新的政治力量开始崭露头角。一场昔日的名门望族与新兴力量的对局开始了。

曹孟德：唯才是举，大兴屯田

先来看看曹魏这条主线人物。曹操的出身并不好，据说他的老爸本来姓夏侯，因为后来做了有权有势的一位曹姓宦官的养子，所以才改姓曹，于是曹操也就不叫夏侯操，而是叫曹操了。曹操显然也不是两手空空打天下的，他二十岁就被举孝廉，在官职可以公开买卖的年代，曹操一定也是得到了家庭力量的襄助才走上了仕途。既然所有的官员都是走后门上马的，所以曹操走后门并不影响我们对他才能的评价。才干出众的曹操就获得了洛阳北部尉的官职，但由于严格执法，触怒了一些权贵，被明升暗降调离了洛阳。

黄巾大起义给了曹操崭露头角的机遇。曹操起兵之初，“散家财，合义兵”，没有足够的家财，不可能立刻组织出5000人的武装。再看看曹操手下的战将，许多都是曹姓或夏侯姓，比如曹仁、曹洪、夏侯惇、夏侯渊，显然都是一个家族的子弟，这都说明曹操有一定的事业基础。

但是，曹操却也不是名门望族。东汉末年宦官势力虽大，却被名门望族所不齿，连带着曹操这个出身宦官家庭的人也被名门望族鄙视。十八路诸侯讨董卓的时候，曹操是联军中的积极分子。但是在誓师大会上，曹操不得不和众人一道，推举“四世三公”的袁绍做盟主。袁绍本身就是名门望族，而且代表了河北诸多豪强地主的利益，由他出任盟主，天下的名门望族都会支持这次行动，更有利于讨伐逆贼董卓。十八路诸侯讨董卓的结局让曹操失望，初战告捷后各路诸侯拥兵不前，让曹操单独率领自己弱小的子弟兵追击董卓，结果被打败，要不是曹洪死命保驾，曹操就命丧疆场了。

曹操终于明白了，这些名门望族根本就无法做朋友，无法一起并肩作战，匡扶汉室。要成就自己的事业，就必须抛开豪强地主，依靠中小地主和下层的民众。机敏的曹操立刻在用人上宣布“唯才是举”，只要有真本事，不论出身贵贱，都可以在曹操手下得到重用，这与名门望族互相提携亲信的做法针锋相对。

乱世之中，谁有粮食，谁就有力量，智勇过人的曹操当然明白这一点。面对“白骨露于野，千里无鸡鸣”的局面，他启动了大规模的屯田制，由官府提供土地给民众，收获的谷物按比例官民分成。用官牛耕种的田地收成，按照官六民四分；不用官牛耕种的田地收成，官民五五分成。曹操的屯田制一方面把乱世中的流民和荒地都利用起来，恢复了生产，积蓄了国力；另一方面，他也在名门望族把持的东汉经济体制之外，建立了一套支撑自己政治和军事的经济体制。靠别人不如靠自己。

曹操对汉末社会各阶层的分析是正确的，但名门望族的实力之大，还是超出了他的想象。曹操早期的地盘兖州有一个豪强地主叫边让，总是看曹操不顺眼，认为这家伙是个乱世奸臣，经常在不同的场合诋毁曹操。曹操那时也年轻，心想你小子在老子的地盘上还敢骂我，好了，我的地盘我做主，曹操一怒之下杀了边让的全家。

这下可捅了马蜂窝，兖州所有的豪强地主全部视曹操为仇敌，发动了叛乱，一时间曹操的地盘大大缩水，只剩下 3 个小县城，若不是家族的子弟兵浴血奋战，曹操已经死无葬身之地。

这个教训太深刻了，曹操明白了，即使这些名门望族看不起自己，自己也得借助他们的力量，至少不能让这帮眼高于顶的家伙和自己做对。这场与豪强地主的牌局该怎么打呢？曹操不愧是天才的政治家，在汉献帝落魄的时候，其他地方豪强不闻不问，曹操却抢先下手，把汉献帝接到了自己的身边。汉朝皇室虽然早已衰落，但毕竟在名义上还是名门望族的上司，曹操此举等于是摸牌摸到了王牌，其他的任何一张牌（名门望族）实力再强，名声再大，也大不过汉献帝这张王牌吧？

这就是挟天子以令诸侯。汉献帝是所有名门望族的共主，现在曹操和汉献帝站在了一起，这帮名门望族就算看不起曹操，也得给汉朝皇帝一个面子，不能公开反对曹操。在没有获得汉献帝这张"大猫"之前，曹操数次邀请名门望族之一的司马懿出山辅佐自己，司马懿都拒绝了，但当汉献帝站在曹操身边后，司马懿不得不出来支持曹操。再比如那个四岁就懂得让梨、名望盖天下的孔融，自始至终都反对曹操，却也不得不来到许都，名义上为曹操办事。

那些不在曹操势力范围内的名门望族，大多依附在各个诸侯那里，其中许多人都投靠了袁绍，把袁绍视为消灭曹操、维护名门望族利益的希望。曹操和袁绍之间，或者说曹操和名门望族之间，注定要做个了断，一决雌雄。

官渡之战就是在这样的背景下展开的。名门望族把赌注押在袁绍身上，除了跟随袁绍直接对抗曹操的人之外，曹操地盘上的名门望族也蠢蠢欲动，孔融在许都四处煽风点火，宣传曹操必败、袁绍必胜，豪强地主首领之一的刘表则在曹操背后随时准备捅一刀……

最终，低调的曹操战胜了高调的袁绍，袁绍势力在几乎所有的方面都胜过曹操势力，经济实力、军事实力、外交实力，等等，只有一点是讲究门第和名望的袁绍势力的弱项，他们注定在人才上要略逊于曹操势力，包括袁绍自己的能力也无法和曹操相比。我们可以这样说，这场战争是唯才是举的政治模式对任人唯亲的政治模式的一次险胜。

此战之后，名门望族被迫接受了无法扳倒曹操的事实，转而希望曹操能够改弦易辙，放弃唯才是举的用人标准，恢复东汉时期的察举制，也就是官员还是由名门望族来当，做为妥协，他们承认曹操势力在朝廷中的地位。

可惜的是，名门望族的算盘打错了。消灭了袁绍的曹操正处于人生中最得意的时期，怎么会对昔日鄙视自己的名门望族妥协呢？即使后来遭受赤壁之战的挫折，曹操的势力依然天下无敌。曹操继续坚持自己唯才是举的政策，并且对那些敢于挑战自己权威的名门望族祭出杀威棒。就这样，孔子后裔孔融、南阳名士许攸都成了曹操的刀下之鬼，祢衡击鼓骂曹，被曹操借黄祖之手杀掉。至于杨修，这人出身关西望族，和四世三公的袁绍一样是名门之后，也被曹操找个鸡肋的借口除掉了。

寄希望于曹操转变观点，恐怕是竹篮打水一场空了；与曹操正面为敌，又不是这个乱世枭雄的对手，名门望族们开始打起曹操继承人的主意。在曹操的儿子们中，曹昂早死，曹熊多病，曹彰不过一介武夫，只有曹丕和曹植可堪大用。虽然曹植因为那首七步诗“煮豆燃豆萁，豆在釜中泣。本是同根生，相煎何太急”而千古留名，但曹丕的文学水平也相当高，诗句中透露着苍凉大气，与曹操相似。三人并称“三曹”，并非是因为政治贡献，而是因为文学贡献。如果论到武功政治，曹植与曹丕相比就差很多了。

更重要的是，曹丕这个人还喜好结交名士，这等于是公开向名门望族示好，他的行为举止也和许多名士相似。比如曹丕与当时的“建安七子”关系非常好，例如七子之一王粲突然死于瘟疫，曹丕率领“狐朋狗友”在王粲坟前祭奠时说道：“仲宣（王粲的字）平日爱听驴叫，让我们学一次驴叫，送他入土为安吧！”然后竟然真学起驴叫来。一帮前来吊唁的才子们纷纷跟着曹丕学起了驴叫，于是，王粲墓前响起了一片驴叫声。

曹丕这样的秉性颇受名士们的推崇，名门望族大多支持曹丕继承曹操的权位。曹操死后，曹丕果然当上了魏王，立即对支持他的名门望族投桃报李，实施“九品官人法”，说白了就是根据声望的高低、门第的上下、势力的大小，分级别地授予官职，名门望族可以获得省部级高职位，那些寒门下士最多也就混个地方上的县处级。

至此，曹魏政权的牌局基本打完了，所有的牌重新排列整齐了。曹操通过唯才是举获得的势力在曹丕之手，变成了另一个名门望族，接下来的事情只是要不要更换大王了。在名门望族的支持下，曹丕废掉汉献帝，自己登上了皇位，变成了另一张大王。再后来，司马懿领衔的北方望族司马氏在魏国的势力一步步加强，最后取代了魏国，建立了晋，大王又开始姓司马。

魏代汉和晋代魏，名门望族经过汉末的混乱和失落之后，终于又重新掌握了国家政治和经济的控制权，他们依旧是政治牌局的主人，曹魏政权只是一个插曲，名门望族的风光还有几百年呢。

刘玄德：根红苗正又奈何

接下来我们来看看蜀汉这个分支人物。刘备算得上是根红苗正，他是“汉景帝子中山靖王之后”。可是到了他这一辈，已经衰落到要靠卖草席为生了，沦落为一个小商贩。这样的境遇既有好的一面，也有坏的一面。好的一面是，刘备可以同时接触到名门和寒门的人，对两类力量有更清楚的认识，也容易获得来自名门和寒门的共同支持。不好的一面是，自身没有什么实力，除了桃园三结义的结拜兄弟关羽和张飞，几乎没有任何资本了。

黄巾大起义掀翻了东汉政坛的“牌桌”，给了刘备起兵的机会。凭借自己宗室的名声，以及几个忠心耿耿的兄弟，刘备也算有了一支队伍，但是不论和传统的地方豪强相比，还是和新兴的曹操、孙策相比，刘备的势力都不值一提。

和曹操一样，刘备也面临着社会各阶层的分析与选择，他必须明确自己要借助哪个阶层的力量。

既然宣称要复兴汉室，刘备就要向东汉的制度靠拢，因此和名门望族站在一起，就成为他明智的选择。接下来的问题是，首先和哪部分名门望族联手呢？北方名门都归于袁绍旗下，或者违心地跟着曹操，江东的名门距离刘备的活动区域太远，双方不熟，刘备的选择余地并不多。

好在有这么一群人，他们是从北方流亡到荆州的一些名门望族，对荆州能力一般的地方官刘表又比较失望，需要寻找一位带头大哥。刘备看准了形势，迈出了事业上至关重要的一步，力邀诸葛亮出山。

为什么是诸葛亮？诸葛亮虽然在《出师表》中自称“臣本布衣，躬耕于南阳”，其实他根本就不是农民兄弟。他原本是官宦人家，东汉末年动乱中，从北方迁到荆州，也算名门之后。而且，他广泛结交荆州的名门望族，周围一干朋友都是名门中的青年才俊，自己还娶了当地名士黄承彦的女儿。做为荆州名门的上门女婿，诸葛亮才干出众，仪表堂堂，还未出山，已经算是荆州名门的形象代言人了。

荆州名门虽然比不上汉献帝这张王牌，但论实力也是响当当的。刘备得了诸葛亮之后，荆州人才纷纷投奔过来，名声响亮的就有庞统、马良、马谡、向朗、杨仪、廖化等人，这些人的背后往往还有宗族的支持，刘备集团立刻从一支山寨武装变成了当时能够左右天下大势的一股力量。

赤壁之战后，刘备势力趁机进军益州，终于实现了三分天下有其一的战略目标。不过，由于取益州的时候欺骗了益州牧刘璋，益州本地的名门望族对刘备这个皇叔并不拥戴，而是充满了疑虑。此时对于刘备来说，最理想的局面是得到荆州和益州的名门望族的双重支持，再和曹操、孙权对抗的时候，就不落下风了。

遗憾的是，刘备始终没能让荆州名门和益州名门这两方势力组合到一起，更不用说让天下名门都齐集自己麾下，一统天下了。

追根溯源，这事儿得怪罪义薄云天的关羽关云长。这位刘备的二弟负责主持荆州工作期间，犯了冒进主义的错误，擅自对曹魏发动战事，虽然初战告捷，水淹七军，但等到曹操调集了大队人马抵抗后，关羽的这次冒进付出了代价：攻，攻不上去；撤，心有不甘。就在犹豫之时，东吴的吕蒙白衣渡江，袭击了关羽的大后方，导致关羽败走麦城，自己送了命不说，还把荆州也丢了。刘备和张飞为了给关羽报仇，起兵讨伐东吴，前后脚地到阎王爷那里报到去了。

荆州名门是刘备集团的根基，丢掉了荆州，就等于是丢掉了根据地。那么国家的运营经费从哪里来呢？只能从益州名门那里筹措了。这下子益州名门不干了，凭什么你们荆州人跑到我们这里来称王称霸，还要我们益州人出钱出粮养活你们？

刘备死后，诸葛亮主持蜀汉工作的时候，始终没有处理好与益州名门望族的关系。诸葛亮自己就和荆州名门有着千丝万缕的联系，总是特别照顾荆州名门的利益，即使迫于形势，给益州名门一些官职和权力，也不过是虚与委蛇，要钱要粮的时候却一点不含糊。

诸葛亮自己也清楚，在经济上依赖于益州名门，早晚得受制于人。于是，诸葛亮坚持北伐曹魏，名义上是为了复兴汉室，其实是为了打出一片新的天地来，不必像现在这样只能依靠益州势力。可惜他六出祁山都无功而返，劳民伤财，这更激起了益州名门的愤怒。

当曹丕开始推行他的九品官人法后，益州名门立刻看到了曙光，原来能够保护他们利益的皇上在敌国！于是，益州名门更没有与蜀汉政权合作的动力了。到了蜀汉政权后期，有一句著名的评语“蜀中无大将，廖化作先锋”，这一方面是荆州外来帮人才匮乏造成的，但也和益州帮不愿意合作有关。

蜀汉的政治牌局也该到结束的时候了，公元 263 年，当魏国将领邓艾克服了蜀道之难，率一支人马突然出现在成都平原上时，益州名门根本没有考虑帮助后主刘禅抵御外敌，而是拥兵自保，坐山观虎斗。孤军深入的邓艾一路畅通，直达成都。蜀汉政权朝中的益州势力开始宣扬曹魏取代汉室是天命如此的言论，后主刘禅却毫无办法，只能开城门投降。

蜀汉复兴汉室的理念不错，然而除了荆州名门之外，却无法团结更多的势力，最终的结局让荆州名门很失落。

孙仲谋：坐断东南靠平衡

接下来我们到江东去，看看孙吴政权的牌局是怎么打的。

同曹操和刘备相比，孙策、孙权兄弟的家底更薄。曹操虽然出身不算好，但至少也算混入了东汉高层，自己也是当时的旷世奇才；刘备虽然一开始穷困潦倒，但毕竟出身宗室。孙氏兄弟的出身更加低微，虽然他们的老爸孙坚对外宣称自己是兵圣孙武的后代，但恐怕连他们自己都不把这个当成真事，更不用说那些眼高于顶的名门望族了。

幸亏黄巾大起义，让孙氏兄弟有了露脸的机会。孙坚依靠镇压黄巾军的功绩，当上了长沙太守，手下除了和自己一样出身低微的军人程普、黄盖之外，没有任何名门望族的支持。不过到了孙策、孙权这一代，情况有了变化。两人频频结交那些从北方迁移到南方来的名门望族，建立了非常良好的关系。这些名门望族中的一些杰出人才，比如周瑜、张昭等人，逐渐集中到了孙氏兄弟旗下。这些南迁的名门望族有经济实力和影响力，迫切需要另起炉灶，有一片自己的天地，孙氏兄弟则拥有一定的军事实力，正准备打下一片江山来，两方势力一拍即合，联手攻入了江东，把地方割据势力一一铲平，建立了一个新的政权。

江东地区，也就是今天的长江下游及往南的大片地区，其实和后来富庶的江南地区并不一样。汉朝时期，全国的经济中心依然在北方，南方的经济并不发达，民风也很彪悍，根本不是后来江南人才儒雅婉约的风格。“男儿何不带吴钩，收取关山五十州”“把吴钩看了，栏杆拍遍”，频频出现在古诗词中的吴钩，反映了当时江南吴地曾经尚武的民风。

所以，孙氏兄弟征服江东的过程中，遭遇了当地势力的激烈抵抗，生性彪悍的孙策依靠大开杀戒才完成了开疆拓土的任务，江东势力面服心不服，这就为后来治理江东留下了祸患。

孙策被刺杀，是这帮外来户和本地豪强矛盾激化的一次总爆发。此时，摆在继任者孙权面前有两条痛苦的道路，一条是为兄报仇，继续大开杀戒，彻底镇压江东豪强势力，拼个鱼死网破；另一条是忘记家仇，让江东豪强和自己分享权力，和平共处。

年轻的孙权选择了妥协的道路，因为他明白，仅仅依靠周瑜、张昭这些北方来的名门望族，力量太单薄了，是不可能成气候的，必须让江东本地的豪强也支持自己。虽然江东本地豪强同北方的名门望族相比，门第似乎要稍逊一筹，但是孙氏政权的起点太低，强龙难压地头蛇啊！

于是，所谓的“吴中四姓”顾、张、朱、陆四大家族，“会稽四姓”贺、虞、魏、孔四大家族的代表人物纷纷出现在了东吴的朝廷里，如果说孙氏兄弟的靠山北方名门是他们的根基，是“红花”，那么这些江东豪强的襄助就“红花”配上了“绿叶”。不论是孙吴政权的南迁北方名门还是江东豪强，单独掂量掂量都挺寒酸的，但硬是让孙权组合出了一手好牌。

在这一点上，孙权比刘备和诸葛亮都要高明。蜀汉政权一直没有让荆州名门和益州名门劲儿往一处使，而孙权却做到了让南迁的北方名门与江东本地豪强站在了同一条战壕里，把东吴政权当成了他们自己的政权。能让雄才大略的曹操说出“生子当如孙仲谋”，孙权的确是有两把刷子的。

对于孙权的大度和宽容，江东豪强也给予了足够的回报。看《三国志》我们就会发现，东吴简直就是人才辈出，前有周瑜、鲁肃，后有吕蒙、陆逊，个个都是能够让董事长孙权安心在后方睡大觉，自己摆平千军万马的优秀职业经理人。为什么东吴有这么多的人才？就是因为江东豪强中的青年才俊能够在东吴政权中有做官和升迁的机会。21 世纪什么最宝贵？人才。那么公元 3 世纪什么最宝贵？当然也是人才。

然而，东吴政权还是雨打风吹去了。探究东吴政权的兴衰，我们从一个人身上就可以得到答案，这个人就是陆逊。陆家是江东的大族，陆逊年仅 21 岁就被孙权招入幕府，步入政权的高层。在随后的一些年中，陆逊曾经消灭了会稽等地的山贼，也帮助孙权平息了一些叛乱，军事才能已经展现出来，只是这些“内战”并没有给陆逊带来人气，所以蜀汉和曹魏都不熟悉这个小子。

真正让陆逊扬名立万的事件是夺荆州和夷陵之战。陆逊先是扮猪吃虎，让关羽放松了警惕，然后与吕蒙联手夺取了荆州。在刘备从益州发兵，气势汹汹地杀向荆州之时，陆逊做为东吴方面的战前总指挥，火烧连营七百里，杀得汉末老江湖刘备狼狈地逃到了白帝城，病死在那里。这一年，陆逊还不到40岁。

然而就是这样一位为东吴做出了杰出贡献的将领，最终却被孙权逼死了。孙权为什么要自毁长城？

因为孙权竭力维持的北方名门和江东豪强之间的平衡，正在一点点被打破。随着北方名门步入二代接班的时期，人才必然逐渐稀少了，本地豪强却始终人才辈出，陆逊就是其中的翘楚，权力的天平逐渐向本地豪强倾斜。孙权这个外来户虽然不得不重用陆逊这些人，但焦虑越来越重，对江东豪强充满了警惕。

东吴的夺位之争，终于让一把好牌变成了废牌。在孙权的接班人的问题上，江东豪强多数支持太子孙和，北方名门则拥护鲁王孙霸。孙权在处理这件事情时，充分暴露了他的焦虑和警惕之心。表面上看，他对双方都各打五十大板，但实际上，他逼死了江东豪强的代言人陆逊，又杀掉了这一方的几个重要人物；而对于北方名门一方，只杀掉了几个无关紧要的小角色，重要人物毫发无损，甚至有的还被升了官。

孙权希望通过打击江东豪强，来维持自己政权的权力平衡，让孙氏的王朝不要变成别的什么姓氏。从短期看，他的确做到了。但是看看陆逊之后，东吴再无可堪大用的人才，我们就知道孙权的做法已经让江东豪强寒心了。东吴的最后一位掌门人孙皓完全是个混世魔王，视杀戮为游戏。江东豪强也曾经努力过，上书孙皓应改邪归正，但是孙皓置若罔闻。

于是，江东豪强采取了非暴力不合作的态度，不再为东吴政权贡献人、财、物。这和蜀汉后期益州名门抛弃蜀汉政权如出一辙。东吴政权的结局也与蜀汉惊人地相似，已经取代了曹魏的西晋的大军顺江而下，没有遇到过一次像样的抵抗，就兵临建业（今南京）城下。孙皓也学习了刘禅的“经验”，开门投降了。东吴曾经凑出了一手好牌，但却又自己毁掉了这手好牌。

三国，从黄巾大起义开始，到三家归晋结束。在这段纷乱的历史背后，是东汉旧的经济体系遭到了破坏，不仅皇室倒台，许多名门望族也失去了土地，连带着失去了税收权。整个社会需要建立一个新的经济体系。不论是曹操、刘备还是孙权，他们都不是昔日的名门望族，恰逢这个纷乱的时世，于是各自起兵，目标其实都是一个，那就是建立一个新的政权，和一个新的经济体系。但最终，他们和他们的继承者都没能斗过昔日的名门望族和豪强地主，三家都归了司马氏这个名门望族的代表。

但是，东汉留下的那个问题，地方豪强挤占国家税收的难题依旧没有得到解决。名门望族把持国家政治和经济命脉的局面，一直延续到唐朝初年，门阀的衰落和科举制度的诞生，才根本性地改变了中国，此乃后话。

而西晋时期，青山依旧在，豪强正当红。

第六篇

大运河打通王朝经脉

愚公移山的故事中国人老幼皆知，90 岁的老头愚公觉得门口的太行、王屋两座大山挡路，非常不爽，于是发动全家要把山搬走，把土石扔到渤海里去。天帝知道此事后，感动得一塌糊涂，派天神直接用神力把山移开，满足了愚公的心愿。

客观地说，要把方七百里、高万仞的两座山搬走，愚公一家精神可嘉，但以他们每年的那一点点搬运量，能否赶在地球毁灭之前完成移山重任，令人深表怀疑。要是再赶上板块运动，那两座山偏巧处于上升期，就有得愚公郁闷了。

在科技落后的古代，人们对自然界的改造能力相当有限，移山填海都是不可完成的任务。不过话说回来，人们也不是一点成就都没有，比如说自然界有许多大大小小的河流，古人们也依样画葫芦，根据自己运输的经济需要，开挖出长短不一的运河。在这些运河之中，中国的京杭大运河无疑可算是人间奇迹，这条运河在隋朝横空出世，彻底改变了此后千年的中国历史走向。

大河向东流，不是好兆头

打开中国地形图我们会发现，中国地势西高东低，大江大河流淌的大方向是东流到海。这其实对于古代中国的经济发展非常不利。在人类刚刚跨入文明的时候，古人们的产品主要是各种粮食、一些调味品比如盐，还有一些畜牧产品毛皮、肉类。这些产品都是和产地的气候条件紧密相关的，比如黄河流域种植小麦，长江流域种植水稻，而蒙古高原出产毛皮和肉类，如果有人脑子进水，非要把水稻种到蒙古高原上，他立刻就得破产。

中国东部大陆上的气候带从北到南，从寒温带一直到亚热带，不同的气候带有不同的物产。当古代中国人试图和自己的邻居互通有无，交换一些产品的时候，麻烦来了。古代交通十分不便，没有高速公路，甚至连沥青马路都没有，能够有一条土路已经不错了。古代中国人通过陆路运输货物，成本极其高昂，因此他们不可能与相距太远的人做生意。而周边的物产和自己生产的东西又没有什么区别，算了，还是过自给自足的生活吧。

幸亏陆地上还有一些河流，可以让人们借助舟楫运输货物，而且水路的运输成本也比陆路低廉得多，船的载货量也比人们肩扛手拎大得多。但是古代中国人悲哀地发现，自己身边的河流都是从西向东流淌，而气候带也是沿着纬度分布的，这决定了某类物产的产地也是沿着纬度分布，与河流的流向是一致的。

也就是说，人们如果通过水路交换物产，会发现自己还是没什么生意可做！黄河流域的人都种植小麦，彼此没有必要互换小麦；长江流域的人都种植水稻，彼此也没有必要互换大米。除非——

除非南北方向上跨流域进行商品交换。古代中国人不是没这么想过，但又是该死的河流让他们烦恼。这些东西流向的河流成为南北方向运输商品的天然阻碍，本来陆路运输就已经成本很高，现在还要跨越河流，更是难上加难。

地理上的麻烦让早期的中国人知难而退，放弃了许多经商的打算，专心致志地耕耘自己的一亩三分地。所以有一些学者认为，中国人“重农抑商”的思维并不是文化的影响，而是地理环境造成的，这个见解颇有几分道理。

只是在公元前，古代中国就已经形成了大一统的中央王朝，秦朝和汉朝都控制了大片的领土，国土包含了黄河流域、长江流域，甚至势力范围还抵达了南方的珠江流域。不过在秦汉时期，黄河流域是国家的经济中心，南方地区虽然有所发展，但经济总量无法与黄河流域相提并论，长江流域和珠江流域只是黄河流域的小跟班而已。可是汉朝末年天下大乱，黄河流域因为战乱，人口锐减，经济遭到破坏，而流亡到长江流域的人们却促进了南方地区经济的发展。此消彼长之下，长江流域的经济实力升级到和黄河流域可以抗衡的程度。

这对于古代国家的大一统反而是个不好的消息，即使勉强形成了统一的国家，地方经济接近甚至超过了都城附近的经济，地方大员就很容易势力膨胀到中央政权无法控制的地步。看看从汉末一直到隋朝建立之前的历史，我们可以依稀看到长江流域崛起后中央王朝的麻烦。

三国时期，北方的曹魏与南方的孙吴、西南的蜀汉长期对峙，西晋暂时统一天下后没有多久，国家又进入了南北分裂的局面，先是东晋和十六国对峙，后是南北朝时期的南方政权和北方政权的对抗。这期间，南方依次出现了宋、齐、梁、陈，北方则出现了北魏、东魏、西魏、北齐和北周五朝。虽然偶有相互攻伐，此时的南方和北方好像变成了两个彼此平行的世界，不记得它们曾经同属于一个国度。

前后 400 年的大动荡、大分裂固然有北方民族入侵中原的原因，但南方地区经济实力已经足以支撑起强有力的割据政权，能够和北方凶悍的入侵者长期划江而治，这也是不争的事实。西晋曾经短暂地一统天下，但却没能消弭北方和南方之间的经济对立。

历史走到了公元 589 年，杨坚建立的隋朝攻破了南方的陈朝，结束了南北朝，一个统一的大帝国又一次出现在了华夏大地上。

可是 400 年南北分裂造成的政治、经济隔阂，并没有随着军事征服而消失。刁钻的江南大族面服心不服，随时都有可能滋事反叛。更为棘手的是，造成大分裂局面的元凶——北方的民族此时依旧虎视眈眈，北方凶悍的突厥铁骑自不必说，东北方向，高句丽又在长白山崛起，不仅称霸辽东，而且还积极策划联手突厥，企图再演一幕“五胡乱华”，逐鹿中原。

西晋曾经面对的大难题，这一次摆在了隋朝皇帝的案儿上。不在沉默中爆发，就在沉默中消亡，隋朝皇帝选择了爆发。

天上掉下个隋炀帝

提到隋朝的第二个皇帝隋炀帝杨广，许多人的脑海中就会浮现出一个阴险狡诈、荒淫无耻、胡作非为的形象，在许多小说甚至正史中，描写杨广在没有当上皇帝前故意装朴素，当上皇帝后穷奢极欲，到处吃喝玩乐；没当上皇帝时装纯洁，生活检点，父皇快死的时候原形毕露，甚至霸占父皇的妃子；做皇帝无德无能，好大喜功，搞得天下大乱……

如果杨广真是这种人神共愤的混世魔王，在他被宇文化及勒死时的一幕就难以解释了。当隋炀帝的死讯传到各地反王的耳朵里时，这些反王就好像死了亲爹一样，长安城的李渊放声大哭，遥祭隋炀帝的亡魂；正在攻打隋军镇守的河间郡的反王窦建德立刻停止进攻，派使者进城，吊唁“先帝”；洛阳的反王王世充更加夸张，哭得几次用头撞地，弄得满脸是血。

然后，这些反王似乎忘记了他们自己就是隋朝的反叛者，纷纷以杀害隋炀帝的宇文化及为仇敌，李密率领瓦岗军不惜一切代价地攻打宇文化及部，自己身负重伤，手下也伤亡惨重；李渊的唐军在山东袭击败退的宇文化及，最后窦建德抓住了宇文化及并将其斩首，以告慰隋炀帝在天之灵。

让自己的朋友敬佩自己，只要有点儿小本领就可以了；但要让自己的敌人敬佩自己，绝对需要有大智慧。能够让天下反王敬重到为自己报仇的程度，隋炀帝该有怎样的英名！

到底哪个是真实的隋炀帝？问问李世民我们就清楚了。为什么要问李世民呢？因为正是在他的授意下，史官们给隋炀帝扣帽子、泼脏水，搞臭了隋炀帝的一世英名。为什么李世民要搞臭隋炀帝？这里先按下不表，我们先看看隋炀帝杨广的生平，哀乐可以先奏响了……

杨坚建立隋朝时，封自己13岁的二儿子杨广为晋王。这位晋王在20岁的时候，就统帅了50万隋军南下，攻灭了陈朝，亲手帮自己的父亲统一了天下。我们不要以为灭掉陈朝是很容易的事情，前面已经讲过，江南地区的经济已然做大了，依托繁荣的经济支持，南朝已经负隅顽抗很久了，所以杨广即使在军事上不是天才，但也绝对不是笨蛋。

第二年，江南地区爆发了叛乱，杨广立即发挥了自己天才的交际能力，广泛收编江南名士为自己所用，还拉拢江南佛教界的领袖站在自己一边。“南朝四百八十寺，多少楼台烟雨中”，当时佛教界在江南地区乃至全中国都有着很大的影响力。江南的各派人士看到杨广如此宽宏仁义，纷纷归顺到晋王麾下，这次叛乱以不流血的方式平息了。

杨广卓越的领袖才能征服了自己老爸的心，杨坚废掉了太子，也就是杨广的大哥，立杨广为太子。三年之后，杨坚驾崩归西，杨广顺利地登上了皇位。至于他的那位倒霉的大哥，据说是被他杀掉了。中国古代的皇宫是没有什么亲情道义可言的，登基后杀自己兄弟的皇帝，没有两个大巴车，也至少能装满一个大巴车。杨广的做法不足为奇。

新皇帝上台，总要有个年号，杨广大笔一挥，起了一个大气磅礴的年号：大业。杨广是打算干一番大事业的，甚至要干出一些千秋伟业来。

杨广的老爸杨坚是个小气鬼，执政期间一再巧立名目提高税率，从老百姓那里盘剥钱财，甚至发生饥荒的时候，也舍不得开仓放粮救济灾民。杨坚还是个土老帽，根本不懂文化，晚年的时候甚至认为学校都没啥用处，下令关掉学校。杨坚就像是今天的富一代，披荆斩棘，终于致富发家，但自己还是朴素如初。到了杨广这里，已经是富二代了，出手自然不会那么节俭小气。

富二代皇帝上台后，先是大赦天下，免去天下全年的租税。此后的十几年中，杨广多次减免老百姓的租税，并且不断降低征收的税率。即便如此，财富仍然如滔滔江水涌入杨广的腰包。这其实并不奇怪，天下初定，和平时期人们安居乐业，产出自然会大幅度增加。而且，杨广降低税率的做法，实际上和现代中央银行降低利率，刺激经济有相似的作用，税率低，老百姓做许多生意就有利可图，生意不断扩大，缴纳的税款也就增多，形成了正反馈。所以只要把握得当，减税同样可以增加政府的收入。

杨广还对文化十分重视，上台不久就扩编国家最高教育机构国子监，还兴办了各类专门学校，培养算学、天文历法、法律和医学等方面的各种人才。全国在校生数目近20万，平均每6户人家就有1名子弟在政府开办的学校就学。如此大规模普及教育，这在古代中国是史无前例的。

大业三年（公元607年），杨广做了一件具有深远意义的大事，他下令建立“进士科”，也就是创立了科举考试制度，根据科举考试的成绩，来选拔国家公务员和领导干部。这项制度被唐朝继承，此后各朝各代几乎都原样照搬隋朝的科举制度，只是考试的内容会有所调整。

我们在上一篇已经谈到，汉朝开始，中国社会进入了名门望族控制国家经济命脉的时期，他们不仅掌握了地方税收大权，甚至还能够举荐自己的圈内人做官，成为自己势力在官场上的代言人，而平民百姓是根本无望进入高层干部队伍的。经过断断续续400年的大动荡，这些地方上的名门望族的势力大受打击。如果这些望族能够在新兴的统一王朝隋朝中恢复自己举荐官员的权力，过不了多久，望族又将东山再起。

可是，隋炀帝杨广没有给他们垄断仕途的机会。科举制度的创立，给平民百姓提供了鲤鱼跃龙门的做官渠道，只要他们有才能，学习用功，门第很低也可以做官。汉朝的官员举荐制度被废止了，昔日望族重新控制国家的企图也就破产了，属于他们的时代翻过去了。都怪该死的隋炀帝！

短短几年时间，年轻的皇帝就把国家治理得井井有条，获得了万民的称颂，他的声望远远超过了自己的老爸，也就是开国之君杨坚。如果杨广就此收手，啥事也不做，他也将在中国史书中位列明君之列。

但是，大业皇帝的视野和雄心此时已经超越了国境和时代，他要做古往今来最伟大的皇帝，他要一劳永逸地消除当时中国的最大难题——南北对立和边关威胁。

杨广能做到吗？他该怎么做呢？

大运河：一个文艺青年的惊天力作

老爸杨坚在杨广心目中显然不是自己的偶像和追求，如果非要给杨广找一个偶像，那只能是古代中国第一帝——秦始皇。我们无法知晓杨广是不是嬴政的粉丝，但看看杨广当上皇帝后的所作所为，有许多嬴政经营天下的影子。

比如，秦始皇统一六国之后并未固步自封，而是努力把国土扩张到岭南地区，也就是今天的广东、广西、福建一带。为了运输物资的方便，秦始皇下令在长江的支流——湘江和珠江的支流——漓江之间开凿一条运河，一举沟通长江流域和珠江流域。这条 30 多千米长的运河只用了 4 年时间就建成了，秦军凭借水运的便利，迅速控制了岭南地区，秦王朝疆土又向南大大扩展了。

对，运河！只要有了运河，就能一劳永逸地解决问题！嬴政是这么想的，杨广也是这么想的。年轻的皇帝在地图上大笔一挥，画出了两条线，一条从洛阳出发，往东北方向直抵北部边陲的涿郡；另一条从洛阳出发，往东南方向直抵钱塘江流域的重镇——余杭。

看到这个蓝图，大家都能知道杨广心里打的什么算盘，东北方向的运河，那是为了将军队、武器、粮食等物资运往北方，对付东北强敌高句丽；东南方向的运河，则是为了将南北方的物产方便地双向运输，一旦南方有变，也可以及时派兵镇压。

其实在隋代以前，中国东部地区已经有若干条运河通航。公元前486年，为北上争霸，吴王夫差在今天扬州附近开挖邗沟，沟通长江与淮河水系，这是中国历史文献中记载的第一条有确切开凿年代的运河。早期的运河以军事目的为主，但越到后来，运输粮食等物资的用途就愈发凸显。

即便有了前人的基础，隋炀帝的大运河工程也极其浩大，作为全国建设工程的总设计师，杨广按下了搭载了好几颗卫星的火箭的按钮。一场轰轰烈烈的帝国建设运动展开了，从朝廷官员到黎民百姓，全体动员起来，不论愿意不愿意，都必须跟随着热血沸腾的皇帝向前，向前，再向前。

公元605年，为了保证南方的赋税和物资能够源源不断地运往北方，隋炀帝下令在前代汴渠的基础上开凿通济渠，沟通黄河与淮河。同时，隋炀帝下令重新疏浚邗沟以及疏凿长江以南的江南运河，并对前代开凿的浙东运河航道加以整治。公元608年，为了开展对北方的军事行动，隋炀帝又在原有运道的基础上开凿永济渠，直抵涿郡，从而完成了以洛阳为中心，东北方向到达涿郡，东南方向延伸至江南的大运河。

杨广亲自督战，不断地查看设计图纸和工程进展。大运河的第一期工程通济渠沟通了洛阳和扬州，长千余里，宽四十步，仅用了171天完工；新的都城洛阳，也就是两段运河的中枢，仅用了不到十个月就初具规模。

除了大运河工程之外，杨广还督建了一条宽一百步，长达三千里的驰道，从陕西榆林直通今天的北京，作为将来和高句丽翻脸动武时的陆上运输线。这条驰道像极了当年嬴政修建的秦直道，从咸阳到九原郡（今天内蒙古的包头附近）全长736千米，目的是抗击匈奴。说杨广是嬴政的粉丝，我们没看错他。

大业六年（公元610年），举世无双的帝国建设工程完工了。这一年的正月十五，杨广在东都洛阳举行了盛大的竣工庆典。兴奋的皇帝邀请了各国使节和商人来参加盛会，安排了5万名乐工通宵达旦表演各种节目，这台“元宵晚会”持续了半个月的时间。新都的市场重新装修，每个店铺也都修葺一新，连卖菜的小贩也都要在店铺里铺上地毯，而路边的树木上缠上了丝绸。别忘了，我们的大隋皇帝不仅是治国奇才，同样也是一位充满浪漫主义情怀的文艺青年，七岁那年，他就写出了平生第一首诗歌，他干得出来往树上挂丝绸、沿着运河两岸拉绸缎的行为艺术。

隋王朝的富庶和强盛震撼了周边国家。曾与高句丽有密切关系的突厥和吐谷浑各部先后归附，站到了隋王朝的一边；西域甚至欧洲的商贩都跋山涉水来到长安、洛阳等地经商，河西走廊的武威、张掖、敦煌等地，成为当时国际贸易的重要中转站和商品集散地。在帝国建设工程还未完全竣工的大业五年六月，隋炀帝就曾经巡边，高昌、吐谷浑等西域27国国王、使者在道路上拜迎这位大隋皇帝。

到这个时候，杨广已经达到了自己的偶像嬴政的成就，虽然统一天下的是老爸杨坚，但是不可否认杨广是打天下的急先锋；全国性大工程竣工，王朝中遥远的地区都有驰道和运河相连；四周国家纷纷来朝称臣……如果杨广此时收手，什么事都不干，安享下半辈子，在史书上他会是一位有作为的皇帝，一个改变了中华大地的英主；他是一个高尚的人，一个纯粹的人，一个脱离了低级趣味的人，一个有益于人民的人……

Wait a minute，我们的大隋皇帝还没到需要给他念讣告的时候吧？大业六年他才刚刚41岁，意气风发，正是干事业的大好时期。

让一个40出头的有为青年就此金盆洗手，退隐江湖，未免太残忍了。

杨广并不打算就此收手，他要继续向前冲，超越自己的偶像嬴政，成为中国历史上的NO.1皇帝。

天下已定，还有什么丰功伟绩等着隋炀帝去建立呢？征讨高句丽！

这个早在汉代就崛起于我国东北地区的政权，一直不把中原王朝放在眼里，到了隋朝时期，依然是阳奉阴违，这让杨广心里很不爽，别的国家都纷纷上表称臣，只有高句丽不搭理他，给他上眼药，这让立志做千古一帝的皇帝脸面往哪里放？

大业七年（公元611年），隋炀帝下令征讨高句丽。要创造大历史，怎么能没有大场面呢？杨广征集了史无前例的113万大军，分成了24个军，每天发一军，前后军相距40里，大军总长度达到了960万平方公里。哦，太激动了，说错了，是960里，加上随军的200多万民工，漫山遍野、浩浩荡荡地开赴辽东前线。

这不是去战场上浴血奋战，这是在进行盛大的“国庆阅兵”，而且不是一天就完事大吉了，隋军到了第二年才于涿州集结完毕。修建大运河和驰道，杨广征集的劳役总量已经规模空前，大大超过了当时隋朝民众所能承受的限度，而且短短的几年时间，大工程一个接一个地开工，隋帝国这辆车严重超速行驶，几乎要翻掉了。攻打高句丽的行动所征用的兵役和劳役量，甚至超过了修建大运河的动员人数的总和。为了赶造渡海的战船，在山东东莱海口劳作的民工昼夜立于水中，自腰以下都生满了蛆，疾病流行，民工死掉了三分之一；从江南地区运粮到涿郡的道路上，到处都是累死的民工。

如果能够打败高句丽，隋炀帝或许还能让这辆车平稳行驶。但是如果败了，后果不堪设想。根据西方世界的墨菲定律，事情如果有变坏的可能性，不管这种可能性有多小，它总会发生。墨菲定律在杨广的身上灵验了，面对早已严阵以待的高句丽人，耀武扬威的隋军毫无打持久战的心理准备，在渡过辽河的30万大军遭到毁灭性打击后，全军撤退，第一次攻打高句丽草草收场了。

杨广从小到大一直很顺利，不论军功、政绩还是文学，都玩儿得出类拔萃。这次征讨高句丽失败，实在是大伤面子。杨广咽不下这口气，第二年御驾亲征，打算一雪前耻。没想到后院起火，陇西贵族杨玄感起兵造反，隋炀帝不得已取消了这次军事计划，回身镇压杨玄感的叛乱。在迅速平息了这次叛乱之后，固执的杨广第三次兴兵讨伐高句丽，在获得了高句丽象征性地服软后，草草收兵，因为此时国内各地已经叛乱四起了。

早期的顺利和风光，加上自身的艺术气质，让杨广好大喜功，却缺少抗挫折能力，这是许多年少成名的青年的通病，刚好杨广也属于此类人。征讨高句丽失败后，杨广就此意志消沉了，躲到江南花天酒地、醉生梦死，两耳不闻窗外事，最后被叛乱的士兵勒死。

我们该怎么评价这个悲剧皇帝呢？杨广在位14年，只有1年住在京城，其余时间都是在四处奔波，一会儿去监督大运河开凿，一会儿去会见国际友人，一会儿去御驾亲征。即使是在巡游的路上，杨广每天坚持处理政务。这是多么敬业的一位皇帝！

唐太宗的贞观时期号称中国第一盛世，其实和大业五年杨广鼎盛时期相比，田地开垦量只有后者的三分之一，朝廷控制的户口数量还不到后者的一半。为什么在后世杨广名声如此不佳，而李世民却成为人人称颂的英主呢？

这都是李世民搞的鬼。即使我们不算杨广设计和督建的那条造福千秋万代的大运河，李世民的执政业绩也远不如杨广出色。另外，李世民发动玄武门之变，杀兄弟，逼父皇，在道德上处于比杨广更糟糕的境地。李世民也曾御驾亲征，征讨高句丽，无功而返，和杨广一比，两人打个平手。杨广的光辉形象存在一天，李世民的形象就暗淡一天。于是，李世民屡次干涉唐朝史官对历史的记述，故意把隋炀帝描述成一个无恶不作、贪婪低能的末代皇帝，而把自己描绘成战功赫赫、政绩斐然、礼贤下士的万世师表。

幸亏现代史学家不仅看唐朝人写的隋朝史书，还通过各种资料分析隋炀帝时期的经济、人口状况，才揭穿了李世民散布的千年弥天大谎。可惜两人的民间形象至今还没有得到澄清。

傍上大运河，京城有饭吃

隋炀帝死了，隋王朝亡了，但大运河还在，这条沟通了海河、黄河、淮河、长江、钱塘江五大水系的人工运河，根本性地改变了此后中国的天下局势。

唐帝国继承了大运河这笔珍贵的遗产，唐朝定都长安，虽然有关中平原的粮食压箱底，但关中地区人口不断增长，仅靠这个小平原的粮食产出已经无法满足长安及周边地区的生活需要，有时甚至给官员发薪水都无法满足。正是依靠大运河从南方调运来的粮食和其它物资，唐朝才维持了长安的各项开支。女皇武则天甚至长期居住在大运河的中枢洛阳，就是为了让行政机关离运河近一些，物资调运更方便。

唐朝初年，每年由大运河运输的粮食只有 20 万石左右，到了唐玄宗的“开元盛世”，粮食运输量达到了每年 700 万石，更不用说其它一些各地运送来的土特产了。

前人挖河，后人运粮，李世民享用着杨广的大运河之便，还说杨广的坏话，真不是个东西。

安史之乱后，唐王朝一片混乱，河北、山东等地的节度使割据一方，财政上我行我素，不向朝廷缴纳税款。唐朝在大乱之后还能支撑150年之久，一个重要的原因就是依靠大运河的运输，把南方地区的粮食、物资运送到长安地区，维持了朝廷的运转。

历史学家陈寅恪对此有过精辟的论述："唐代自安史之乱后，长安政权之得以继续维持，除文化势力外，仅恃南东八道财赋之供给，至黄巢之乱既将此东南区域之经济几全加破坏，复断绝汴路运河之交通，而奉长安文化为中心仰东南财赋以存立之政治集团，遂不得不土崩瓦解，大唐帝国之形势及实质，均于是告终矣。"

再往后看，北宋建立后，首都定在了东京汴梁（今河南开封），比长安更靠东，和大运河的联系也更紧密了。北宋时期大运河的运输量基本上与唐朝持平，最多时曾经达到每年800万石粮食，超过了唐朝的最高纪录。北宋对大运河的利用，完全符合杨广的设想，不仅可以利用大运河在全国范围内调运粮食和物资，还通过大运河加强国防力量。为了对抗周围的辽、西夏以及后来崛起的金，北宋每年都向边境运送大量的战略物资，其中很大一部分都依赖大运河来完成运输任务。

南宋是一个偏安江南的朝廷，偏偏也把都城设在了大运河边上的临安（今浙江杭州），原因很简单，为了运输物资的方便。过去通过大运河向北运输到东京汴梁的江南物资，在北方沦陷后，掉头向南，运输到新的都城临安。即使所控制的大运河只剩下了可怜的一小段，但对于南宋的经济依然至关重要。手握大半条运河的金自然不会放过发家致富的好工具，利用大运河，女真人把淮河流域的粮食运送到自己的都城——汴京，那里昔日正是北宋的都城汴梁。

只是这样一来，大运河无端被分成了两部分，经济作用大打折扣。大运河的运输价值，体现在它沟通了不同纬度地区，促进了北方和南方的商品交换。前面我们已经说过，中华大地上东西方向交换产品没什么油水，因为大家生产的东西都差不多，只有南北方向上才有产品的差异，大运河正是因为让人们能在南北方向上互通有无，才如此受到历朝历代的重视。现在不论是北方的金，还是南方的南宋，利用运河运输物品，跨越的纬度很有限，除了调用粮食满足都城官员们的胃口，也就没有多大的油水了。

更麻烦的是，大运河的军事价值也大打折扣。当北方的蒙古人在铁木真的带领下东征西讨的时候，金无法集中起足够多的物资抵抗蒙古铁骑，最终在南宋和蒙古的夹击之下灭亡了。南宋也好不到哪里去，只握有一小段大运河，能有多大的用处？在金亡后南宋苟延残喘了几十年，也寿终正寝了。

元朝建立，中国南方和北方再次统一了，而且整条大运河都纳入新王朝的版图中，就像是新王朝的食管一样。元朝与隋朝、唐朝和宋朝不同之处在于，元朝把整个蒙古高原、朝鲜半岛全部收入囊中，北部边疆危机完全没有了，这是大好事，但是开国之君忽必烈面临一个麻烦事：把都城建在哪里合适呢？

从运输的角度看，北宋和金把都城设在开封是很合理的，因为开封处于隋朝大运河的中枢，东北方向和东南方向的物资都可以很方便地运送到开封地区，王朝的管理会很方便和有效。可是对于忽必烈来说，他不仅要管理黄河流域和长江流域，他必须管好蒙古高原，那是他和他的蒙古人的老巢。如果建都在开封，距离老家太远了，而且当年没有空调和暖气来调节温度，游牧民族出身的蒙古统治者显然对开封这一“南方地区”的气候并不适应。于是，忽必烈把自己的都城建在了隋朝大运河的最北端，也就是元大都，今天的北京。建都北京，一方面考虑到依靠运河之利，可以顺利地把黄河流域乃至长江流域的物资调入京城，另一方面也考虑到维持对广袤的蒙古高原的控制，总之，两手都要抓，两手都要硬。

既然都城定在北京城，如果要把江南的物资调往北京，似乎就没有必要先折向开封，而后再折向北京了，不如直接从江南北上，距离上更短。于是忽必烈当政时期，国家建设的重点就是把隋唐大运河截弯取直，修建一条基本上南北走向的运河。

公元 1289 年，元朝组织开凿了会通河，北通卫河，南接泗水、黄河，从根本上改变了淮河以北大运河的格局与走向。由此开始，大运河不再流经洛阳，河南和安徽北部的河段被废弃，大运河形成了南北直行的走向，缩短航程千余里。公元 1293 年，沟通大都城内与城东通州的通惠河建成，来自南方的漕粮可直接抵达城内的积水潭，就此实现了中国大运河的第二次大沟通。槽船可以满载着江南的货物直接北上，抵达元大都。隋唐大运河改头换面，变成了京杭大运河。

忽必烈打通京杭大运河，对于元、明、清三代影响深远，除了明朝前期定都南京之外，从元朝建立到清末，北京城一直作为中国的都城，虽然与经济重心江南地区相距遥远，却依然可以把整个国家牢牢掌控，这全靠京杭大运河一端连接了都城，另一端连接了经济中心。

仅从开通京杭大运河来看，忽必烈对元、明、清三代是有杰出贡献的，当然他的贡献是建立在杨广的隋唐大运河的基础上的，而且新开凿的运河长度也逊于隋朝的运河，所以在内政方面，杨广还是可以傲视这个后来人的。当然忽必烈也可以说在下的军功惊世骇俗，灭大理、灭南宋，让朝鲜、越南称臣，甚至还跨海袭击日本，你杨广太逊了。两人各擅胜场而已。

京杭大运河已经不仅仅是王朝的一条运输粮食的食道，它更是王朝的坚强脊柱，撑起了中华王朝的庞大身躯，王朝的运转和经济效率已经不是隋朝之前的朝代所能比拟。

假如，我是说假如，这条脊柱有一天突然断了……

当皇家海军掐住了大运河

请允许我再次提到墨菲定律，事情如果有变化的可能，那么它总会发生。这一次的倒霉蛋正是京杭大运河的建设者——元朝。元朝辛辛苦苦地修建了新的运河，还没享受几十年，1344 年黄河突然发大水，这不算什么倒霉事，黄河历史上经常发大水，勤劳勇敢的中国人民早就习惯了。倒霉的事发生在洪水退却之后，人们猛然发现，厚厚的淤泥竟然把大运河给堵塞了。

王朝的脊柱断了，这至少也得半身不遂啊！元朝立刻征调了大批民工去疏通河道，却不好好招待这些民工。蒙古人虽然是统治者，但却是国境内的少数民族，现在大量的汉人聚集在一起干着重活，蒙古官员不发充足的给养，只是挥动马鞭驱使，自然容易引发民变。结果有着白莲教背景的民工们结伙发难，红巾军起义爆发，并迅速点燃了反抗元朝的全国性民变。

红巾军起义爆发的地点在江淮一带，恰好切断了大运河的漕运，这让元朝统治者在元大都里一筹莫展。本来蒙古皇帝还可以通过海路把长江三角洲一带的粮食运送到京城，然而兵荒马乱的年代，海盗也蜂拥而起，纷纷打劫朝廷运粮的海船。蒙古铁骑威震欧亚大陆，但蒙古海军的尊严就不值得一提了，所以元朝拿这些海盗一点脾气都没有。元朝勉强维持了京城附近的统治，任由南方大片地区自生自灭。最后当朱元璋剪灭各路民军，挥师北上时，元朝的末代皇帝策马北奔，逃回了蒙古人熟悉的草原，短短 90 多年的元朝就这样灭亡了。

一条运河引发的王朝血案不只这一起，下面是清朝对大运河的血泪控诉。

明、清两代继承了元朝的京杭大运河，经济发展同样严重依赖大运河。明朝从1415年起停止了海运，规定所有漕运全部走内河，当然也包括大运河。明朝此举和沿海地区倭寇肆虐有很大关系。所谓倭寇，其实成分复杂，最早期袭击中国海岸的倭寇主要是日本武士，后期一些中国人也加入其中，他们与沿海民众关系复杂，让明朝很难搞定这些海盗，运输线既然无法得到保障，明朝干脆停止了风险很大的海运。从那时起到清朝末年，京杭大运河的货物运输量一般占到全国运输总量的四分之三，当时全国大部分的商业中心都集中在大运河沿岸。

利用大运河获取税收，也是各个王朝财政管理的一条门道。比如明代初期开始，山东临清是黄河以北的大运河沿岸南北货物的重要集散地。因此，明代政府于明宣德四年（1429年）在此设立向民用商船征税的机关。至明代万历年间，临清钞关每年征收船料商税银八万余两，占全国钞关课税额的四分之一。

对于没有进入工业革命的大清王朝来说，大运河既是元朝的脊柱，同样也是它的脊柱，墨菲定律不止一次地向大清王朝下了黑手。

第一次鸦片战争打到后期，英军攻陷了吴淞口，掐死了长江口，一举切断了清朝的海运通道，清朝提出议和。但是，早已在海战中浸淫一百多年的大英帝国皇家海军清醒地认识到，那些梳辫子的敌人并未伤筋动骨，此时谈判捞不到什么油水。于是不理睬清朝的乞和建议，溯江而上，攻打大运河与长江的交叉点——镇江。此战英军投入兵力上万，战舰70余艘，在付出上百人阵亡的代价后拿下了镇江。

大清王朝的脊柱被英军掐住了。北京城里的道光皇帝一下子瘫痪了，派人与英军商量，全部接受英国的各项要求，包括割地、赔款、设立通商口岸，等等。天朝上国第一次向“蛮夷”低下了傲慢的头颅，这就是切断大运河漕运的严厉效果。

第一次鸦片战争后，大清王朝过了10年左右的太平日子，没想到广西金田太平天国发难，并一路打到了南京。1853年后，太平天国占据长江下游一带十多年，大运河的漕运也被迫中断了。运河沿岸的各个繁华城市遭受重创，扬州、苏州、杭州、临清都被战火洗劫。清朝政府的苦日子来了，不得不通过海上从南方未被太平天国攻占的地区调粮食和物资北上，维持北京城内的消耗，供给国家运转。

这十年内乱期间，不仅让清政府手头吃紧，就连刚刚进入中国市场的欧洲人也感受到了大运河被切断的利害。以至于当时英国驻上海领事阿礼国给国内写信说，每年早春时节，北京仰赖漕船通过大运河供应当年的食粮，现在只要大英帝国派出小小的一支舰队，占领镇江这样的运河据点，帮助清政府平息国内叛乱，就可以让清政府给英国更多的利益，这比毁灭20个沿海或边疆上的城市还要有效。

在一次次的打击之下，京杭大运河许多河段淤塞，已经无法通航。1855年黄河改道后，运河山东段逐渐淤废，从此漕运主要改经海路。在平息了太平天国内乱后，清政府还曾试图修复大运河的漕运功能，无奈国库空虚，有心无力。

古老的国度又一次站在了生死关头，有大运河，生；没有大运河，死？

幸好除了修复大运河之外，风雨飘摇中的清朝政府又有了新的选项，那就是工业革命带来的新的交通运输方式——铁路。清末修建的最重要的铁路莫过于京汉铁路（旧称卢汉铁路）了，它从北京城向南延伸到汉口，全长1214千米，1898年底从南北两端同时开工，1906年4月1日全线竣工通车。一点儿都不奇怪，这是一条跨纬度、跨流域的铁路，也是一条能够替代大运河的国家新脊柱。1911年，联通天津和南京的津浦铁路也全线通车。大运河在支撑古代中国经济达千年之后，终于下岗了。

水路运输远比古代的陆路运输节省成本，所以自从杨广开凿了大运河后，南北方运输和贸易的发展，让古代中国站上了一个新的台阶，获得了滚滚财富，并逐渐富甲全球。也正是因为严重依赖大运河，才让元朝和清朝在时局动荡时苦不堪言。

俱往矣，看今朝华夏大地，是铁路和航空的天下。

第七篇

别说宋朝不差钱儿

宋朝是一个很拉风的朝代，它的历史是从成语“黄袍加身”开始的。

后周大将赵匡胤领兵北上御敌，途经陈桥驿驻扎。早晨赵匡胤酒醉醒来，一出屋，就被属下披上了黄袍，被众将高呼万岁。江山轻而易举地就获得了，不过这赵匡胤当时是真喝醉了还是假喝醉了，事先是否知道有黄袍加身的桥段，就不得而知了。中国历史上每到改朝换代，总会上演新主子三番五次推辞，流着泪说“我不行，你们怎么能逼我当皇上”的闹剧，结果这些满口仁义的新主子哪个也没推辞成功，全都“被迫”登上了皇位。赵匡胤基本上也属于这样一位“品德高尚”的君主。

开局虽然略显老套，但赵匡胤的大宋此后却不同凡响，令人刮目相看。

富甲全球的大宋

赵匡胤此人是职业军人出身，按理说应该好勇斗狠，热衷攻伐，重武轻文。谁料到这位宋太祖竟然是个热爱生命、热爱世界和平的好男儿，解决事情尽量避免杀戮。

比如初登大宝不久，赵匡胤就在太庙的一间密室中立了一块碑，此后大宋新皇登基，都要由一位不识字的太监带到密室里瞧瞧那块碑。碑上到底写了些什么，直到金军攻破汴梁城，打进太庙才真相大白，碑上赫然书写着三条，大意是：第一，不杀柴氏子孙（后周后裔），如果他们谋反，就在监狱里让他们自尽，不能公开杀掉；第二，不杀士大夫，尤其是那些谏臣；第三，子孙如果违背了前两条，天诛地灭。

这“勒石三戒”不仅给大宋历代皇帝划下了执政的底线，也给大宋的经济方针定下了基调，通俗来讲就是三个字：不折腾。全国以经济建设为中心，对外能和平解决争端，就不诉诸武力；对内能调和矛盾，就不激化冲突。

在不折腾国策的指引下，大宋的经济一举超越了此前历代的各项记录。宋朝财政收入最高的一年，达到了1.6亿贯（1贯＝1000文），即使是后来失去了北方半壁江山的南宋，财政收入高的时候也能达到1亿贯。这样的收入记录在古代中国不仅空前，也堪称绝后。比如明朝在财政收入上比北宋差了整整一个数量级，清朝康乾盛世时状况稍好，但也不及北宋财政收入的一半。

宋朝平民百姓的生活也要好于其他朝代。司马光曾经痛心疾首世风日下，连农夫走卒都穿丝质的鞋子，实在太奢靡了！看看《水浒传》里的那一百单八将上水泊梁山的原因，有因杀人放火来的，有因触犯朝廷律法来的，有游手好闲图快活来的，就是没有穷困潦倒吃不上饭来的！

这样一个安定团结奔小康的局面是如何得来的呢？我们不应该把1000年前宋朝的成绩过分拔高了，这个朝代的经济基础还是广大的自耕农们，这些农民上交的皇粮和税款，支撑起了大宋的江山社稷，骨子里大宋还是很传统的。

本书第一篇已经介绍过，高产耐旱的占城稻就是在宋朝进入中国并得到推广，激发了宋朝人口突破1亿。公元742年唐朝统计的户数是8973634户。到了公元1080年，宋朝的全国统计户数是16569874户，大约两个半世纪的时间，全国的户数增加了将近一倍。同一时期，如果只看长江中、下游流域和东南沿海地区，户数增长到原来的三四倍之多。人口多了，税收自然也多了。

但在经济上，宋朝同其他朝代相比，有两个亮点，一个是开源，就是海外贸易搞起来了。

原本古代中国通过陆地上的丝绸之路与其他国家做贸易，但宋朝建立没多久，西北的党项人就造反，建立了西夏，阻断了宋朝与中亚、西亚的路上贸易通道。不得已，宋朝的对外贸易转向了东南沿海，竟然开辟出了繁荣的海上丝绸之路。宋朝先后在广州、临安（今杭州）、明州（今宁波）等沿海十几个沿海城市设立了市舶司，专门管理海外贸易。其中广州、泉州和明州的贸易量最大，特别是泉州，在南宋时期，一跃成为当时世界第一大港，是海上丝绸之路的起点。

宋朝出口货物包括丝绸、瓷器、糖、纺织品、茶叶、五金。进口货物包括象牙、珊瑚、玛瑙、珍珠、乳香、没药、安息香、胡椒、琉璃、玳瑁等几百种商品。南宋时每年通过市舶司获得的税收已经达到200万贯，占到了全国财政收入的百分之六。这只是官方的收益，民间也有许多人从事海外贸易，获利颇丰。

虽然不能直接从陆上丝绸之路做长途贸易，但宋朝还是积极与陆上邻国开展贸易。比如宋在与金、大理的交界处开设市场，对外出口药材、茶叶、棉花，进口人参、毛皮、马匹等，这些陆上贸易的收益也不容小觑。

俗话说，马无夜草不肥，虽然大宋的税收主要来源还是农业，但有了大规模的对外贸易，日子自然要比闭关锁国的那些朝代富裕多了。

此外，古代中国许多朝代的财政往往是皇族经济、战争经济、工程经济，税收收入主要是充当满足皇族奢华享受的私房钱、对外战争的军费和工程建设的拨款。这些经济类型，宋朝经济当然也都不缺，但它还有另一个亮点，就是消费拉动型经济。

前面已经提到，宋朝从赵匡胤开始就十分重视读书人，科举制在宋朝得到了发展，只要中了科举，就可以直接授予官职，这等于是给民间读书人打了一针鸡血，不用看出身、不用看门第，只要中举，前途将一片光明。科举制繁荣的结果之一，就是宋朝的文官队伍膨胀，比如在北宋的都城汴梁集中了大量的朝廷官员。

汴梁城内皇族、官员、军人、商人云集，人口达百万之众，这些人的吃穿用不是附近州县能够充足供应的，于是北宋依靠运河漕运，从日渐富庶的江南地区运送大量的物资到汴梁。一船船送抵汴梁的货物，不仅有粮食，还有丝绸、茶叶、瓷器、木器等，吃喝玩乐的装备一应俱全。当时的欧洲处于中世纪的黑暗之中，美洲的玛雅人还在丛林中乱闯，大宋的汴梁城犹如地球上文明的第一灯塔，照耀着四夷蛮荒之地，令四方心神往之。

汴梁城庞大的消费力和强大的购买力，刺激了全国各地的生产力。宋朝和古代许多重农抑商的朝代不同，它对商人的限制相对宽松，并不惧怕商人做大后威胁皇权。而经商获得的利润，要比务农高出许多倍，手工业、商业发达的国度一般来说要比畜牧业、农业发达的国度富裕。

比如说宋锦，顾名思义，是宋朝发展起来的织锦，源起于吴地，在两宋时期形成气候。吴地处于长江中下游平原，物产丰饶，给手工业的发展提供了物质和经济基础。这里的气候条件又非常适合桑树和蚕的生长，很容易就发展成为南方丝织业的中心。宋朝史书曾记载，全国各地上贡皇室的丝织物中，只有四分之一来自北方各路，却有三分之一来自苏浙地区。这是之前历代不曾出现过的手工业局面。

以宋锦为代表的江南地区丝织业不仅在数量上超越了北方，宋锦的精工细作简直到了登峰造极的程度，让其价格昂贵到只有皇室才有权支配用途的地步。后世的考古挖掘中，昔日宋朝疆域内几乎没有那时宋锦的遗物出土，倒是塞外一些墓葬中曾出土过一些宋锦。也许，当时作为丝织品中最高档次的宋锦，由于物以稀为贵，除了宋朝皇室自己享用外，就是拿去作为国礼，送给虎视眈眈的北方强邻，谋求一时的和平，延续繁华之春梦。

宋朝的手工业、商业的发达程度在历朝历代中堪称高峰，所以能够富甲全球也就不奇怪了。

宋兵乙：我曾是个无业游民

宋朝皇帝为什么不担心江南地区凭借强大的财力挑战皇权呢？其

实当皇帝的，随时都担心有人取而代之，只是宋朝把全国的精锐之师都集中到了汴梁城，集中到了皇帝的身边，这就在很大程度上避免了地方势力做大。

和平主义者赵匡胤坐江山的时候，麾下的军队不足40万。就这些军队，赵匡胤还搞了一出“杯酒释兵权”的演出，让手下大将把各自的军权都交了出来，集中在赵匡胤一个人手中，这些大将拿着养老钱享清福。和汉高祖刘邦、明太祖朱元璋当了皇帝后就开始杀功臣相比，赵匡胤处理问题的做法非常人性化。

此后，北宋的军队逐渐壮大，到了北宋中期的时候，军队人数竟然达到了125万人，除了喜欢搞阅兵仪式的隋炀帝外，北宋军队数量几乎是古代中国之最。从军队构成看，士兵主要分两类，一类是驻守汴梁地区的禁军，《水浒传》中豹子头林冲落草前的职业就是80万禁军教头。对，没错，是80万禁军，作者施耐庵并没有夸张，北宋的都城集中了80余万的军队。剩余的军队属于厢军，驻扎在地方各处，人数远比禁军要少，而且待遇也低一些，每个禁军每年要消耗约50贯，厢兵每年消耗30贯，单是这百万大军的军费，就高达四五千万贯。

除了富甲天下的大宋，没有哪个朝代能维持这么大规模的常备军，而且士兵待遇还相当优厚。曾经有位西方学者感叹，当时欧洲小国的君主，都不如汴梁城把门的守卒生活条件好。

北宋养活这么多的军队，是为了作战需要吗？北宋在北方面临辽或金的威胁，在西北方面临西夏的威胁，的确需要一支强大的军队御敌。但是，兵不在多而在于精，北宋这百万大军对外作战鲜有胜绩，倒是多次被辽国军队深入国境，饮马黄河。

是因为林冲教头对这些禁军的军事训练太糟糕，使得宋军在战场上不堪一击吗？非也，这其中有个根本的原因，就是北宋招募庞大的军队，并非单纯为了作战，还是为了解决失业人口的就业问题。

各个朝代要获得兵员，无非采取两个办法，一个是征兵，一个是募兵。征兵就是强制老百姓参军入伍，而募兵就是花钱雇佣老百姓参军入伍。宋朝是中国历史上唯一长期坚持募兵制的朝代，它的大军都是花钱雇佣的，而且还没有退役制度，只要某个人进入了宋朝的军队体系里，就等于是捧上了铁饭碗，一辈子衣食无忧了。

北宋时期，高产的占城稻开始推广，农业开始采用水稻和小麦轮种，粮食的大幅增产直接激发了全国人口突破1亿人。宋朝虽然商品经济发达，许多非农业的行业吸纳了大量的劳动力，但宋朝的统治者还是为社会上出现了越来越多的无业游民头疼。

这些无业游民对社会的安定是潜在的威胁，为了消除这个威胁，宋朝再次用钱开路，花钱从这些游民中选择身强力壮的人，补充进军队里，让他们从游民变成了士兵，“每募一人，朝廷即多一兵，而山野则少一贼”，这就是北宋解决失业人口的国策。

宋太祖赵匡胤就是这个国策的奠基者，他曾经说过，灾年最容易出现民变，不过此时募兵也最容易，因为老百姓没粮食，想有口饭吃，给点儿钱就能招募到士兵；而在丰年，老百姓丰衣足食，即使提高军队的待遇，肯参军的人也寥寥无几，毕竟当兵是一个冒着生命危险的职业。《水浒传》中描写的朝廷三番五次派官员到水泊梁山招安，就是这一国策的体现。在宋朝皇帝眼中，剿灭山贼太费力气，还不如花点儿钱招安了这帮草寇省事，反正朝廷有钱。

参军有吃有喝，还有钱赚，何乐而不为呢？在其他朝代非常头疼的兵源问题，在大宋看来简直是不值一提。宋朝时期也不是没有发生过起义，比如北方的宋江起义和南方的方腊起义，只是这些起义与推翻了汉朝的黄巾大起义、推翻唐朝的黄巢起义以及后来推翻明朝的李自成起义相比，规模小了许多，不会对江山社稷造成致命伤害，不论北宋还是南宋，都亡于外族入侵而不是农民起义，这充分说明宋朝的募兵制在解决社会不安定因素方面还是很管用的，宋江、方腊就算揭竿而起，群众基础也相当薄弱，大宋地界没多少人愿意舍弃性命同他们一起“替天行道”。而且一遇招安，宋江带头投靠朝廷，这不能算是叛变革命，只能说被官府金钱的糖衣炮弹打垮了队伍。

但以解决失业问题为目的的募兵制，自然难以获得有足够战斗力的队伍。北宋最初招募士兵，有严格的体检标准，比如上等禁军的身高要求五尺八寸以上，这个标准放到今天，差不多得一米八的个子才能入选；入伍的身高最低标准，在宋真宗时期是五尺五寸，但是标准高了，就会有许多无业游民进不了军营，有悖于解决失业问题这个基本国策，于是有大臣提出，只要体格健壮，身高矮一点儿没关系，此后最低标准就不断降低，到了宋仁宗时期，入伍标准下降到五尺二寸，换算成今天的计量单位，也就是一米六多一点，社会上的大部分人都有资格入伍了。

这样招来的士兵，身体素质可想而知，林冲这样的禁军教头再敬业，也不可能把素质很低的士兵都练成宋太祖赵匡胤那样的猛将。而且，参军为了赚钱，这些士兵保家卫国的荣誉感就没有了，朝廷不给优厚的待遇，宋兵们就不愿意去打仗。于是，北宋的将军们为了让这帮士兵能上阵杀敌，甚至违反军规，允许他们吃喝嫖赌，把手里的钱都挥霍掉，这样他们才有动力去打仗赚钱。

有这样一支大爷似的百万熊兵，宋朝对外作战屡战屡败也就不奇怪了。面对北方和西北方的异族虎狼之师，宋朝该如何应对呢？

扯几尺布就打发了北方胡人

宋朝面对外敌时还是照方抓药，拿钱解决。按照西方人的说法，Money Talks。

宋朝其实一开始也不想这么窝囊。但北宋初年，契丹已经占据了长城以南的燕云十六州，也就是今天的北京、天津、河北和山西北部一带，都属于不错的农耕区。在第一篇我们已经谈过，游牧民族要是学会了耕田，那就谁也挡不住了。赵匡胤的弟弟、宋太宗赵匡义不想做软柿子任人宰割，于是打出杨家将这副牌，北伐契丹，希望收复燕云十六州，把契丹赶到长城以北去，然后在长城附近的崇山峻岭布防。

没想到契丹当时由萧太后领衔，巾帼不让须眉，指挥契丹铁骑出击，愣是把宋军杀的丢盔卸甲，统领杨家将的杨业也战死沙场。辽宋之间的战争一直持续到宋真宗与萧太后签订澶渊之盟的时候。在一场双方损失惨重的拉锯战后，宋和辽终于坐下来谈判议和。名为议和，实际上就是辽开价，宋还钱。

北宋方面谈判的使臣曹利用临行之前，问宋真宗愿意支付多少钱买和平。宋真宗说："迫不得已，虽百万亦可。"这话让宰相寇准听到后，威胁曹利用，如果上贡金额超过 30 万贯，回来后就砍掉曹利用的脑袋。结果曹利用真的达成了银 10 万两，绢 20 万匹的 30 万贯金额，可见当时辽的胃口有多么小！银两与铜钱的比率不同时期各有不同，我们这里大致算作 1 两白银相当于 1 贯铜钱，而 1 匹绢也算作 1 贯铜钱。

曹利用回来后要见宋真宗，偏巧真宗在吃饭，只好在门外等候。真宗想知道谈判的结果，于是打发内侍去问曹利用。曹利用觉得这是国家机密，得当面禀报才行，不能直接告诉内侍，于是伸出了三根手指。内侍回报了真宗三根手指，真宗竟然以为是300万，不禁脱口而出："太多了。"停了一会，又自我安慰道："虽给的多了一点儿，但就此把事情了结了，也好。"等到曹利用禀报宋真宗谈判结果是30万时，宋真宗简直乐疯了，大大地赏赐了曹利用。

澶渊之盟后，根据盟约，宋朝每年向辽提供30万的"助军旅之费"；双方在边境开展互市贸易，互通有无。宋辽之间120年没有再起刀兵，各自安享太平。

澶渊之盟一事，深刻地教育了北宋的皇帝，也给我们一种别样的启迪。前面已经谈到，宋朝的年财政收入可以轻松破亿贯，30万贯的赔款只相当于年财政收入的0.3%。赔款的确让人觉得丢了面子，可是如果坚持"士可杀而不可辱"，非要与契丹死扛下去，且不说能不能真的打退契丹，就是每年的军费开支和人员伤亡，算下来恐怕也得上千万贯不止。从宋太宗开始的对辽战争，真是不值得。

契丹其实也不想和宋朝长期打拉锯战，因为契丹的经济更脆弱。虽然契丹骑兵亦兵亦民，战争时是骑兵，和平时是牧民，但这战争要是拖上几年，牛羊没人照看，宋朝境内又没有好草场放牧，契丹自己的经济也得崩溃。

所以，澶渊之盟是个很符合经济学的条约，它让谈判双方或者说买卖双方都获得了利益，宋朝花小钱省大钱，还买来了和平发展；契丹得了宋朝的赔款钱，日子也改善了。这就叫双赢。

到了南宋时，宋朝的对手变成了金，已经把双赢原理使用得滚瓜烂熟的南宋皇帝如法炮制，每年向金贡白银25万两，绢25万匹，甚至对金的皇帝称叔叔，买来了西湖歌舞永不休的太平。看上去宋朝又折面子又损钱，但即使是国土严重缩水的南宋，每年的财政收入也可以达到8000万贯，对金的岁贡最多也就占南宋政府财政收入的1%。是为了面子和金殊死搏斗，或者修筑一道新的长城，还是花点小钱打发了这帮北方穷邻居呢？

宋朝的做法很明智，而几百年后的明朝就显得很愚蠢了。明朝的亡国之君崇祯向来是主战的，为了对付来自关外的后金威胁，连年战事，军费开支巨大，农民不堪重负，揭竿而起。为了剿灭农民起义，军费又增。最后明朝陷入了恶性循环，偏巧又赶上海外白银输入锐减（本书后面篇章会专门讨论，此处不表），江山丢光了，银子也丢光了。

南宋和北宋加起来，抗衡了北方的契丹、党项、女真和蒙古四大强敌的车轮战，最终耗死了前三个，并在南宋末年与横扫欧亚的蒙古大军硬抗了几十年时间，充分表明宋朝绝不是一个软弱无力的朝代。

就拿宋高宗赵构来说，千古以来人们一直抨击他龟缩江南，屈膝求和，甚至还伙同奸臣以“莫须有”的罪名杀死了抗金英雄岳飞。赵构的确太窝囊了，杀死岳飞也过于狠毒，但我们评价一个历史人物或一个朝代，不仅要看他或它是不是有气节，还要看最终的结果。明朝灭亡后，明朝残余势力试图在江南与清朝划江而治，但很快就土崩瓦解了。而赵构在宋朝风雨飘摇之际，却能够收拾旧河山，组建起了南宋领导班子，最终实现了与金划江而治的目的。这样的结果不会是一个不学无术的窝囊废能实现的。至于北伐中原恢复旧河山，赵构的南宋没有做到，可中国历史上偏安南方的朝代中，又有几个做到了呢？

扯几尺布匹、扔几两银子打发北方的胡人，换得国家的长治久安，并不算丢人，谁让咱大宋不差钱呢！

大宋虽说不差钱，但看看宋给辽、金的赔款，我们就会发现一个有趣的现象，那就是大宋只愿意给白银和绢，却从来不拿铜钱作为赔款给出去。实际上，大宋还刻意避免自己的铜钱流入境外，甚至还发明出类似于今天银行中支票的形式，在边关地区流行，尽量减少国境附近的铜钱使用量，不给任何人把铜钱带出国境的机会。

大宋既然不差钱，为什么会对铜钱锱铢必较、斤斤计较呢？

逼急了，破铜烂铁都当钱

谈到铜钱，宋朝铸造的铜钱可谓古代中国的极品，不仅铸造技术精湛，而且钱币上书写着当朝皇帝的御笔书法。别看宋太祖赵匡胤是一介武夫，抡铁棍的大老粗，他身后的宋朝历代皇帝的书法，那是一个赛一个，尤其到了宋徽宗，工笔花鸟、瘦金体书法历经近千年，仍然被当今的学者所推崇。如此高雅的艺术作品，宋朝人通过一枚铜钱就可以欣赏，宋朝人不但物质生活富足，这精神生活也绝非其他朝代所能比拟。

宋朝是我国制造铜钱最多的朝代。在北宋 167 年的岁月中，大多数年份铜钱铸造量都在 100 万贯以上。到宋神宗时期，甚至达到了年铸造铜钱 500 万贯的惊人纪录，需要耗费铜 1 万吨左右。有人估计，北宋自己铸造的钱币加上过去朝代的铸造量，如果不考虑损毁情况，到北宋末年，全国境内的铜钱应该有 3 亿贯。与每年赔款 30 万贯相比，北宋境内的铜钱量可谓是天文数字了。

然而匪夷所思的是，大宋境内却经常闹钱荒。比如当时北宋文学家苏轼就曾经上奏说，浙江一直闹钱荒，现在更严重了。老百姓拿着白银、绢丝到市场上，却没有什么顾客光顾，而当铺往往大白天就关门歇业，因为大家手头上都没有现钱。

既然政府掌握着铸币权，老百姓手中没有现钱，政府难道不会向市场上投放货币吗？宋朝官府当然不是笨蛋，可是往往几十万贯的铜钱投放到市场，就像泼出去的水一样，很快又不见踪影了。

到了南宋时期，钱荒更加严重了。著名的抗金大臣李纲曾经上奏说，市面上根本就没有现钱出现，农民们的粮食不论怎么降价，由于潜在的买家缺乏货币，无法成交，农民们搞不到钱交税，导致有人被迫逃亡。

市场上铜钱缺乏，铜钱的价值自然就上升，甚至于宋朝官府都对铜钱的价值重新规定，比如宋太宗赵匡义就下令，77 文钱当作 100 文钱来用，这就等于是让铜钱比面值升值了 40% 以上。到了南宋时期，铜钱更加缺乏，市场上习惯用 50 文铜钱当作 100 文来花，铜钱升值了一倍。

宋朝年年铸造铜钱，那么多的铜钱都跑到哪里去了？不是契丹、党项这些国外势力搞破坏，也不是宋朝的经济增速超过了铸币速度，而是宋朝的老百姓都把铜钱收集起来熔化，重新打造一些铜器出售，做为生财之道。

把钱毁掉，制造出其他物品，还能更赚钱，如此喜感的事情怎么会发生呢？

这首先是由于宋朝钱币铸造成本高。古代中国在大多数时候，都是由官府垄断了铸币权，汉朝曾经在一段时期允许政府授权的私人铸造钱币，朝廷上还曾经为钱币铸造应该官营还是私营进行讨论。宋朝则完全由官府垄断了钱币铸造权，按照一般的理解，铸造钱币怎么可能亏本呢？比如用价值 1 贯的铜料制造出铜钱，这些铜钱可以按照 1.5 贯或者 2 贯的面值发行，差价弥补官府铸币的其他成本，甚至还会有所盈余。

但是面值不能随意拔高，因为如果铜钱的面值超出铜料太高，一些民间人士就会在高利润的诱惑下铤而走险，购买铜料私自铸造铜钱，冲击官方的钱币市场。此外，官办企业都属于铁饭碗，一般来说效率都不高，铸造钱币时的浪费、损耗比较严重，更不用说贪污和开小金库存私钱了。唐朝就曾经出现过铸造钱币官府反而亏钱的怪诞事。

当然了，正常情况下官府应该不会因为铸币而亏损。但是，如果钱币投放到市场上价值发生了波动，就不是官府能够控制的了。比如宋朝在经济发展的同时，通货膨胀也很严重，于是制造铜钱的铜料价值也水涨船高。官府好不容易制造出一批铜钱，在铜钱上标注了面值，没过多久，由于铜料价格上涨，一枚铜钱的币值还不如铸造这枚铜钱的铜料的市场价格高，更不如用同样的铜料铸造的日用品比如铜壶、铜炉的价格高。这样一来，脑子活络一些的人就开始在市场上收集铜钱，重新熔化后制造铜壶、铜炉出售，从中牟取差价利润。“销熔十钱得精铜一两，造作器用，获利五倍”，这是当时人们的经济时事评论。

从北宋到南宋，官府制造一批铜钱，民间就销毁一批铜钱，于是市场上总是缺少铜钱。宋自己都缺铜，就不可能在赔款的时候把铜钱赔给辽或金了。何况，铜本身也属于战略物资，可以用于打造兵器，从国防的角度考虑，赔白银和绢都更加安全一些。

所以，说宋朝不差钱儿，说的是这个朝代经济发达、外贸繁荣、物产富足；说宋朝差钱儿，说的是做为日常交易的基本货币即铜钱始终是短缺的。

为了缓解铜钱荒，宋朝想到了用铁来铸造钱币。

其实早在五代时期，有些地区已经开始用铁铸币并通行。北宋还没取代后周的时候，四川地区附近的后蜀就使用铁钱，在北宋灭掉后蜀后，也沿袭了用铁铸币的传统，以弥补铜钱短缺。

但是，马克思说过那句著名的话“金银天然不是货币，货币天然是金银”，一种金属能够被大家广泛接受，作为铸币的原料，是和这种金属的性质分不开的。欧洲古代各国借助曲折的海岸线和优良港口，纷纷从事海外贸易，而且交易往往比较大宗，这样一来，用贵金属作为货币，可以满足大宗交易，金币、银币在古代欧洲畅销，就是这个原因，也引得马克思说了那句话。

不过如果马克思生在中国，就会说“银铜天然不是货币，货币天然是银铜”了。古代中国是大量自耕农为基础的农业国家，日常更多的是小额交易，朝廷有时会大批采购，所以通行古代中国的货币用贱金属铜并辅助以银就可以了，黄金一般不用于交易，而是用于皇帝赏赐给下属，或者给大佛镀上金身之类的事情。

回到铁钱。铁是一种比铜还贱的贱金属，哦，这里的贱没有道德含义，只有经济含义。一些日常的针头线脑商品，用铁钱也许还比较合适，交易价值稍微高一点，铁钱的弊病就显露无遗，人们买一袋子米都得身背很重的铁钱去交易，实在太不方便了。更糟糕的是，金、银不会生锈，铜在常温干燥环境也很难生锈，可是铁的化学性质却很活泼，很容易被氧化，变成毫无价值的铁锈。铁钱不易保存，这也是铁钱不被人喜欢的缺点之一。

还有两个经济上的弊病，让宋朝的铁钱替代铜钱方案屡屡受挫。一个是铁钱铸造比铜钱更简单，所以民间很容易私造钱币，冲击国家金融稳定。另外，铁钱和铜钱一起流通于世，官府就必须给两者定一个兑换比率。可是宋朝并不是现代国家，没有快捷的交通网和完善的银行体系，所以铁钱只在部分地区流通，在实际的交易中，铁钱多的地方铁钱的兑换价值就低，铁钱少的地方铁钱可以兑换更多的铜钱，至少在名义上是如此。于是，这又给民间“刁民”们提供了一个发财的机会，不同地区汇率不同，来回倒腾不同的钱币，就能够获利了。宋朝官府想维系铜钱、铁钱兑换比率的稳定几乎是不可能的。

铜钱没了，铁钱不堪大用，大宋快被钱的事儿给逼疯了，就在这个节骨眼上，一种新型的货币横空出世，让宋朝皇帝如获至宝，长出了一口气。

第八篇

早产的纸币惹人唉

宋朝是一个通货膨胀严重的朝代，铜钱面值赶不上铜料价值，导致铜钱大量被人销毁铸造铜器。这其实是很反常的，因为市面上的货币量少了，缺钱的经济应该表现为通货紧缩，为什么宋朝却深陷通货膨胀的泥沼呢？

答案很简单，宋朝不仅有铜钱和铁钱，它还印刷了远比铜钱面值大得多的古代纸币——楮币。楮币在短时间内缓解了宋朝的钱荒危机，但巨浪滔天的楮币潮水也最终冲垮了大宋的两代王朝。

从飞钱到交子：四川人有法子

中国是世界上印刷术的鼻祖，蔡伦造纸和毕昇活字印刷这两大发明，使中国人很早就享受到了轻薄的纸张带来的生活便利。但是纸张用于金融领域，却已经是唐朝后期了。

在唐宪宗在位时，许多商人外出经商，随身需要携带大量的铜钱，非常不方便。于是发明出了“飞钱”，商人在一地比如京城把铜钱如数交给官府，官府给开具一张有效力的凭证，上面记录着开具的地方和铜钱数目。商人只要带着这张凭证到异地相关官府部门，就可以提取同样数量的铜钱，用于购买货物。这种凭证就是飞钱，相当于现代金融业里的汇票。

飞钱使得商人们可以轻装上路，交易更方便了，同时也减少了长距离的铜钱搬家，减少了人们在交易中使用铜钱的数量，缓和了铜钱短缺的现象。不过，使用飞钱只是汇兑业务，它本身不是货币，使用完毕就销毁，不进入货币流通领域，所以它并不算真正的纸币。

在宋朝建立之初，灭掉了位于四川的后蜀国，把当地的铜钱劫掠到京师，只留下铁钱在当地流通，以此缓解这个新兴王朝的货币短缺问题。此后，北宋朝廷甚至宣布，禁止四川地区使用铜钱，只能使用铁钱，希望减少市场上对铜钱的需求量。

可是，铁钱购买力太低下，按照北宋前期的货币兑换比率，一贯小铁钱重 6 斤多，币值却只有铜钱的 1/10。当时要买一匹绢，需要的小铁钱的重量有 30 多斤。可以想见，人们日常生活因铁币的流通产生了诸多不便，商人就更苦不堪言了，想进货 100 匹绢，竟然要用牛车拉着铁钱去买。许多小额交易的买卖双方一想到沉重的铁钱，立刻打消了念头，回家洗洗睡了。

迫于无奈，受飞钱的启发，宋太宗初年，成都十六家富商订立契约，联合创立了世界首家发行纸币的私人金融机构“交子铺”，开始发行信用纸币“交子”。交子一开始还是与飞钱类似，只是一种民间的汇兑凭证，并非真正的货币。后来，北宋政府介入了交子的发行之中，交子的发行由民办改为官办，并把交子作为货币强制推行，交子摇身一变，成了可以在四川市场中流通的货币。

世界上的第一张纸币就这样在四川人手中诞生了，而且北宋官府在发行纸币之初，就显示出了高度的现代金融标准，宋朝人知道纸币虽然看上去一本万利，但却不能随意乱印，毕竟这东西只是货币，不是财富，论实际价值，纸币还不如铜钱，后者起码有料。纸币的发行必须要以一定比例的准备金作为基础，以防人们大规模把纸币兑换成其他货币时能够应付挤兑潮。

由于纸币诞生于北宋的四川地区，这个地区又是铁钱的流通范围，于是一开始宋朝人会预留一定数量的铁钱作为准备金，然后再发行相当数量的纸币，从面额来看，铁钱面值约是纸币发行额的二成八，也就是 28%。我们今天的银行存款准备金率一般在百分之几到百分之十几之间波动，几乎不会超过 20%，由此可见，宋朝刚发行纸币的时候，还是非常谨慎小心的。那时候的造纸工艺不比现在，纸币磨损得很快，北宋官府通常 3 年就要再发行一次新纸币，同时回收旧纸币，以新换旧。

纸币对于被钱荒折磨的大宋，真是一剂灵丹妙药。上一篇已经谈到，民间对铜钱趋之若鹜，收集起来熔化铜钱造铜器，使得市场上难见铜钱。其实，大宋的铜钱不仅是本国的法定货币，而且“一国所铸，四朝共用”，在辽、西夏和金境内也是硬通货，大家都处于一个货币体系中，类似于今天欧元在许多欧洲国家中充当法定货币一样。大宋铜钱甚至还流向了不与本国接壤的高丽、日本、东南亚各国，进一步导致了大宋境内铜钱严重缺乏的状况。

铜钱缺乏，自然会引发通货紧缩，但纸币一发行，用少量的铁钱准备金放大出面额巨大的纸币，流通于世，立刻抵消了通货紧缩的趋势，市场上有了流通的货币，人们做交易也就更加方便了。

除了法定的楮币这种纸币，宋朝官府还发行类似于今天的汇票或支票之类的证券，有些证券有固定面额。拿着这些证券，人们可以在官营的部门领取到盐、酒、茶、矾、香料等专卖品，类似于几十年前中国大地上通行的布票、粮票、油票之类的作用。更有趣的是，大宋就连和尚、道士也有专门的证券，叫做“紫衣”或“师号”，他们可以用这种专用证券购买自己所需之物。纸币一旦出现，人们就开始思如泉涌，发明出各种花样的用法，方便自己的生活。

大宋开始对纸币上瘾

纸币绝对是划时代的金融创新，但这个早产儿给人们带来的不仅有喜悦，也有痛苦和灾难。任何货币都有自身的特性，纸币也不例外，纸币的“铸造”过于容易，面额又可以随意书写，这让纸币好像是一匹性情暴烈的骏马，骑手驾驭得当，可以日行千里，建功立业；但如果驾驭不当，直接尥蹶子把骑手摔翻在地。纸币是福是祸，全看骑手的驾驭能力。

北宋最初对纸币的使用很谨慎，严格遵守准备金比率发行，维护了纸币的市场信用，所以从宋仁宗到宋神宗的50年中，纸币币值保持稳定，为大宋的经济立下了汗马功劳。

但是到了宋徽宗的时候，蔡京太师主持朝政，开始大肆印刷纸币，把纸币的流通地区扩大到全国，搜刮民间财富，终于把北宋的经济局面引入了严重通货膨胀的深渊中。发行纸币时的准备金比率越来越低，准备金只有纸币面额的六十分之一时，也敢开印；甚至到了最后，没有准备金也照样发行纸币，汹涌的纸币搞乱了北宋末年的经济。

北宋末年，固然有辽、金大举进攻的威胁，国家需要筹集足够的御敌资金。但也正是这个时期，蔡京帮助宋徽宗大办花石纲，给皇上四处搜罗奇石怪树，满足皇上高雅的艺术需求，却搞得许多中产阶级都倾家荡产，方腊在南方揭竿而起，朝廷又要花钱去镇压。假如能够把办花石纲的钱用于御敌，也就不必靠狂印纸币来筹措军费了。所以北宋滥发纸币，怪不到契丹人和女真人的头上，皇上和奸臣的贪婪才是病根。

民众的财富也不是可以随意屠宰的羔羊。大量的纸币不仅带来了通货膨胀，还把市场中的铜钱彻底驱赶走了，这就是经济学中的“劣币驱逐良币”现象。北宋民众知道纸币肯定会贬值，而且还会大幅度贬值，于是拒绝接收纸币，手头有纸币的也尽快兑换成铜钱或实物，把铜钱拿在手里存着。于是市场上纸币充斥，铜钱难得一见，纸币这种“劣币”驱逐了铜钱“良币”。

面对混乱的局面，北宋官府不得不宣布，民众纳税必须交纳一定数量的铜钱；纸币和铜钱的币值必须按照某个固定的汇率进行兑换。可是，破坏纸币信用的恰恰是北宋官府自己，它却希望老百姓尊重纸币的信用，这根本就是南辕北辙的金融政策，也向老百姓暴露了纸币的信用已经崩溃的现实。

还没等金的铁骑冲入国境，北宋其实已经被纸币摧毁了，金兵南下不过是收拾一下残局而已。

北宋已死，有事请烧楮币。

三大王朝被一沓纸币撂倒

古代中国被纸币撂倒的王朝，北宋是第一个，但绝不是最后一个，此后的南宋、金和元，无一例外地头撞南墙，被一沓纸币砸倒。

南宋继承了北宋的半壁江山，同时也继承了印刷纸币的光荣传统。北宋纸币的经验和教训，南宋统治者是清楚的，尤其是被金抓走了两个皇帝的“靖康之耻”还历历在目，南宋皇帝不敢在纸币问题上乱开玩笑。

据说南宋的第二任皇帝宋孝宗为了纸币发行的问题，几乎十年睡不好觉。通过总结前朝的经验教训，宋孝宗确立了纸币限额发行、兑现自由、准许纳税的几条管理准则，说起来也平平无奇，但却是保持纸币信用不衰的根基。

南宋初期，纸币已经在国境内广泛使用，好在储备金充足，印刷数量也得到严格的控制，纸币对南宋重整河山做出了很大的贡献。

可是纸币币值的稳定只持续了 30 年就旧病复发了。说起来还是南宋自己冒失，1206 年，在自身准备不充足的情况下，贸然伐金，没想到金早有准备，几路伐金军队纷纷败退，金军反攻，原本属于南宋的四川也一度反水，投靠了金。这一仗打下来，南宋元气大伤，不得已靠印刷纸币渡过难关。

此后，南宋的好日子就到头了，与金打打停停，后来金灭亡后，又与蒙古铁骑大战几十年。庞大的军费开支从哪里来？北方的铜矿早已沦陷他国，南宋只能靠发纸币度日了。宋孝宗的教诲早就被扔到了脑后，纸币发行量暴增 30 多倍。恶性通货膨胀再现江湖，老百姓不愿意拿着纸币，让自己的财富缩水，于是纷纷挤兑铜钱。

南宋官府试图强迫民众接受纸币，但根本无法抵御民众拒收纸币的怒火。1209 年冬天，都城临安城里的米行老板为了拒收如同废纸的纸币，集体闭门歇业。感受到饥饿威胁的老百姓慌了神，社会上出现了抢米风潮。南宋官府好不容易筹措了 1400 万贯铜钱回收纸币，并从各地征集来大批粮食平息抢米风潮，历经三年，勉强压制住了局势。

南宋末年，蒙古骑兵灭掉金后，马鞭直指江南的南宋朝廷，病急乱投医的南宋再次开动印刷设备救命，劣币不仅驱逐了良币，甚至连粮食都驱逐了，市面上只有一沓沓的纸币，见不到大米，当时200贯纸币甚至还买不了一双草鞋，可见通货膨胀严重到了疯狂的程度。

但南宋绝对不是当时纸币发行的NO.1，先它一步归西的金在纸币印刷数量上，比南宋有过之而无不及。南宋皇帝好歹都是文化人，知道凡事得讲究个章法，没有足够的准备金乱印钞票，是会亡国的，只是到了紧急关头，他们被迫饮鸩止渴。

金早期的皇帝都是草莽出身，搞经济比宋要差多了。在攻陷了北宋的半壁江山后，他们接触到了纸币这一世界领先的发明，于是也照葫芦画瓢，学着宋朝的样子印刷纸币。最开始印刷量小，对经济的正面影响大，负面影响小。尝到甜头的大金皇帝此后开始大肆印刷纸币，以满足自己对外战争的军费需要。金的纸币发行70年中，纸币换了五次，每换一次，纸币就贬值一次，到最后白银与纸币的比价上涨了6000万倍。诸位没看错，单位是“万倍”。金后期，1万贯才能买一张大饼。如果说宋朝是迫不得已乱发纸币，金在纸币问题上就是胡作非为，自取灭亡了。

蒙古联手南宋，一起灭掉了金。这回“纸币与王朝”故事的主角换成了蒙古人建立的元朝。

13世纪意大利的旅行家马可波罗来到中国，曾经对元朝使用的货币大为惊诧：

“大汗令这种纸币普遍流通于所有的各王国、各地区，以及他权力所及的地方。无论何人，虽然自己以为多么权要，都不敢冒死拒绝使用。事实上，他们都乐于用它，因为一个人不论到达大汗领域内的什么地方，他都发现纸币通用，可以拿来做货物买卖的媒介，有如纯金的货币那样。”

纸币让马可波罗这个欧罗巴乡巴佬开了眼界，可惜他并不知道，就在他来到中国之前，已经有两个强大的王朝——宋和金，都倒在了纸币贬值的浪涛下。他更不会知道，他目睹的强大的元朝，也将在几十年后，在漫天飞舞的纸币中轰然倒地。

灭掉了金和南宋后，元朝领导人认真总结了纸币发行的经验教训，并建立起自己的一套纸币体系，准备金自然是必不可少的，元朝由于疆域辽阔，而且兄弟国家如金帐汗国、伊儿汗国等又遍布欧亚，所以金银铜铁比较丰富，有充足的金属可作准备金，这是它发行纸币的有利条件。元朝的纸币全国通用，而且是唯一的法定货币。

可惜元朝的皇帝自忽必烈之后，一个比一个败家，骄奢淫逸就需要钱，于是开始挪用储存在各地的、作为准备金的金银。准备金被释放出来，等于直接增加了市场上的货币供应量，引发通货膨胀。当金银准备金被挥霍光后，元的统治者又开始玩宋、金的把戏，乱发纸币，而且元朝官府只管向外发纸币，从来不考虑为了控制通货膨胀而回收纸币，通货膨胀如同猛虎下山一般，一步步恶化。到了元朝末年，按照纸币的面值算，米价竟然比元朝初年上涨了六七万倍！

元朝的灭亡不是因为外族入侵，堡垒是从内部被攻破的，而滥发纸币绝对是撂倒蒙古骑兵的一条结结实实的绊马索。

在通货紧缩与膨胀间徘徊

如果从赵匡胤黄袍加身的公元960年算起，到1368年元顺帝逃回蒙古老家结束，400多年的时间，纸币左右了宋、金、元这三大王朝的命运。纸币能够在1000年前早早来到这个世界，的确有些偶然因素，比如古代中国印刷术发达，但纸币能够兴风作浪400多年，也和金属铸币的缺陷有很大的关系。

用金属铸币，货币的供应量受矿料的影响很大，毕竟矿产属于不可再生资源。当发现一座富矿后，货币供应量会大增；而如果长时间找不到矿藏，就没有金属可以铸币，而市场上流通的货币量会逐渐减少，有些被损毁，有些被人带入坟墓，退出了市场。金属铸币的流通量很难与当时的经济规模相适应。比如当一个国家经济规模的增长远远大于铸币用的矿产的开采量时，社会上就会出现矿料短缺，进而出现货币短缺，引发通货紧缩，许多交易会因为缺少货币而放弃，影响经济的继续发展。

这个金属货币量的弊病，与金属货币携带不方便的毛病相比，对经济发展的影响更为致命，古代中国频频颁布禁铜令，禁止铜钱出境，实在是被钱荒逼的，迫不得已。终于盼来了纸币问世，各朝各代都心花怒放，蔡伦造纸使用的是麻、布和树皮之类的东西，成本便宜得很，而且都是可再生资源。纸币的发行突破了“铸币材料”不足的限制，市场上想要多少纸币，官府就能印刷多少，想要多大面额的纸币，悉听尊便。

可惜纸币毕竟自身价值太低，发行纸币必须要有其他有价值的物品作为准备金。这些王朝虽然也都明白这个道理，最后仍然没能抵御住纸币的诱惑力，一个接一个地掉进滥发纸币的财富幻境中。

可是我们也不必对宋、金和元的统治者过于苛求，滥发纸币的行为虽然是从这些王朝开始的，但绝不会因为它们的覆灭而消失，后世国民党执政期间法币泛滥就是一例。前些年世界金融危机爆发后，世界各国为了所谓的拯救经济计划，印钞机运转到发烫，就是另一例。

一个国家的经济是靠印钞机能拯救的吗？穿越回宋朝，问问宋朝人就知道了。

第九篇

三个梦碎的阿土仔

做人难，做中国农民更难。

按照现在的名词，古代中国的农民绝对是弱势群体，他们肩负着缴纳国家的绝大部分税收的重任，在官府中却连发言权都没有。

不过，古代中国还是有一些位高权重者，他们感受到了民间疾苦，立志要帮助农民发家致富奔小康，展开了一次次轰轰烈烈的“建设新农村”运动。他们成功了吗？

王莽的空想社会主义实践

“苍天！你已将天命授于我，但为什么不替我消灭反贼！如果是我有大错，就请用雷电击死我吧！”

如此哀号的人是西汉末年的王莽，在四周义军纷起、逼近国都时，他不知道该如何挽救自己的命运，只好率领群臣来到长安南郊，举行祭天大典，痛哭流涕地叙述自己做皇帝的委屈。

王莽不是篡夺西汉王朝政权的乱臣贼子吗？他有什么可委屈的？其实，王莽真可以算是中国古代少有的好人了，只是这个好人搞砸了事情，亲手毁灭了西汉王朝。

王莽早年丧父，好强的母亲节衣缩食，把他送到名儒陈参门下学习。王莽没有辜负母亲的期望，勤奋地钻研儒学。在圣贤之道的熏陶下，他立下宏誓大愿，要以古人为榜样，特立独行，做一个错误世界里正确的人。至于什么是错误，什么是正确，以古书为准。

于是，他对母亲尽孝，对长兄的遗腹子视如己出；他为人慷慨，经常周济别人；他恪守古礼，路上遇到年纪比自己大的人，一定要退避三舍，躬身等长者走过，才直起身子；每次去见师长，他都郑重其事地沐浴，然后穿戴整齐，带上礼品……王莽周围的人无不夸赞这个懂事的孩子。老师和同学们也一致认为，王莽是“克己复礼”的模范人物。

在前面的篇章我们曾经说过，汉朝是名门望族垄断仕途的时代，王莽要当官，也不得不走这条门路。经伯父王凤的极力推荐，王莽渐渐步入政坛，并且给官场带来了一股新鲜空气。他精通典籍，学问出众，清廉自守，一尘不染。王莽对任何人都是和和气气，谦恭有礼。别人处理政务难免掺杂私心，王莽却不偏不倚，处事至公。

公元前 8 年，汉成帝封德高望重的王莽为大司马，王莽开始独掌朝纲。

发迹后的王莽并没有显露出一点骄横之气，相反，他更加谦恭谨慎，经常把家财拿出来分给下属和穷人，广泛听取意见，招有贤德的人做官。他希望以自己为表率，扭转社会奢侈的风气，上下班坐的马车、穿的衣服，都俭朴得不能再俭朴。有一次，大臣们去他府上探视，王莽的夫人到门外迎接，竟被众人当作是仆人。因为她穿的是粗布衣衫。

王莽的政策方针完全遵循儒家理论，他不搞裙带关系，不封王氏子孙，而是尊崇皇族。他平反了一批冤假错案，解放了一批皇族后裔。此举一下子赢得了皇族的拥护。

他号召官员们节俭度日，与百姓共患难，并带头捐款一百万钱，捐地三十顷，用来救助贫民。每遇水旱灾害，他就吃素，与民同甘苦。根据德政的精神，王莽还下令对老人、儿童不加刑罚，妇女非重罪不得逮捕。

王莽搬出《周礼》记载的方法，在全国建立仓储制度，储备谷物，做赈灾之用。他按照上古传说，改革官制，设置“四辅”，加封周公、孔子等圣贤的子孙。王莽还大兴教育，扩大太学招生量，太学生数量很快翻了几番，突破一万人。他还在各地广建学校，征召“异能之士”，拓展了普通知识分子入仕的渠道……

和此前的一派乱象相比，大汉王朝在王莽的治理下，真的是拨云见日，蒸蒸日上。社会正统价值观念得以弘扬，社会风气明显好转。从王公贵族到知识分子再到普通百姓，都觉得“道德楷模”王莽具有超人的品格和能力，真的是众望所归的！

那时人们对腐化堕落的刘姓子孙已经失去了信心，于是千方百计表达对王莽的支持，最终在公元 8 年的一天，王莽顺应天命，更重要的是顺应民意，当上了皇帝。持续 200 多年的西汉王朝结束了。当时长安城内外，一派喜气洋洋，百姓自发地穿上新衣，大事庆祝。

一个叫作“新朝”的政权出现了，王莽要在广阔的天地里大展宏图了。

所有的中国人心中都有一个梦，那就是上古时候，人民在尧、舜、禹、汤等明君的领导下，过着田园牧歌般的生活。那个时候，天下没有黑暗，没有不公。王莽的确篡夺了西汉帝国的天下，但他攫取权力的目的，是要真正按照“尧舜禹汤”的理想，缔造一个理想的快乐世界。

新朝的政令如F1赛车场上的赛车一样，嗖嗖地从朝廷发车，瞬间抵达全国。

农民和农业，是国之根本，也是王莽首先要改革的方面。秦汉以来，地方豪强对土地的兼并愈演愈烈，贫富差距日益扩大。王莽认为，上古时代人人富足，是因为土地均等。因此他规定，人均土地一百亩，多占土地的人家，不管是富豪巨室还是普通百姓，立刻要无条件交出土地，分给贫民，土地不许买卖抵押。

冻结奴隶制度，禁止买卖奴隶婢女，限制奴隶的范围和数目不再扩大，使这个奴役制度最后自然消灭。

强迫人们劳动，凡无业游民，每人每年罚布帛一匹，无力缴纳的，由政府强迫他们劳役，在劳役期间，由政府供给衣食。

实行官府专卖制度，酒专卖，盐专卖，铁器专卖，山上水中的天然资源，也都为国家所有，由政府开采。

由中央政府统一发行货币。建立“国家银行”，贫苦百姓可以申请国家贷款，年息为十分之一，杜绝高利贷对百姓的盘剥。

实行计划经济，由政府控制物价，防止商人操纵市场，以消除贫富不均。食粮布帛之类日用品，在供过于求时，由政府按照成本收买；求过于供时，政府立刻卖出，以阻止物价上涨。

从皇帝到百官，全都实行浮动工资制。如果天下丰收，皇帝就享用全额的生活费，如果出现天灾，或者治理不当，就按比例扣减生活费。百官的工资也根据百姓的生活水平浮动。百姓丰衣足食，官员工资就高；百姓饿肚子，官员也要跟着饿。

这些政令合起来看，就是一个惊天地、泣鬼神的大棋局，王莽是一位高瞻远瞩的棋手，在下一盘很大很大的棋。从政策内容看，很像

19 世纪欧洲才出现的空想社会主义的那套东西：全国实行公有制，计划经济，生产资料（田地）平均分配，多劳多得，少劳少得，不劳不得。那些空想社会主义的创始人们当年要是了解到王莽的大棋局，一定非常汗颜，因为王莽早在公元 1 世纪，就已经在一片广阔的天地中描绘美好的蓝图了。

靠人品行走江湖的王莽绝对是个一等一的好人，但是论经营天下的棋艺，就不那么顺利了。

比如平均分配土地这一条，酷似某些农民起义军喊出的“均贫富、等贵贱”的口号，目的是为了让耕者有其地，让没有土地的人拥有土地。然而，地主豪强是汉朝统治阶层的中坚力量，他们拥有着大量的土地，现在让他们把土地交出来，简直是与虎谋皮，这让他们以后还怎么混？

地主豪强拒绝交出土地，于是王莽就霸王硬上弓，谁不听话就抓起来，不论是皇亲国戚还是名门望族，都到监狱里去反省。很快，监狱就满员了，可是监狱外的地主豪强还是要地不给，要命有一条的态度。王莽直接挑战了王朝的统治力量。

建立国家银行、货币改革也是不靠谱的政策。王莽的本意是杜绝民间高利贷现象，出发点是很好的。民间高利贷由于不受国家法律的保护，所以往往依靠暴力来运转，许多借贷人的生命受到威胁，如果能通过国家银行合法地借贷，对借贷人的确是有利的，这将是社会的进步。但是，国家银行最宝贵的基础是国家信用，必须维护货币的稳定，必须用法律来界定和保护借贷双方的权益。

王莽只是一味胡来，他在很短的时间里 5 次改革货币制度，另外造了 28 种货币，甚至连乌龟壳、贝壳和布也都成了货币。货币都如此混乱，何谈银行体系的信用呢？每改革一次货币制度，发行新货币，老百姓的财富就缩水许多。为老百姓服务的政策就这样把老百姓推向了赤贫的深渊。

地主豪强站到了王莽的对立面上，下层百姓因为民不聊生也站到了他的对立面，昔日的“大众情人”一下子变成了国民公敌。各地豪强纷纷率众起兵，反抗王莽的新政。有人统计，在起兵反对王莽的义军首领中，普通百姓出身的占 29%，而豪强地主出身占百分之 71%。

苍天也没有因为王莽的眼泪而心生怜悯。公元 23 年，王莽被攻入长安城的起义军杀死。他想要建立一个人人富足的理想社会，可惜到头来只是一个空中楼阁。

经济学家王安石的两大创新

王莽其实是被古书害死的，他死抱着古书描述的虚幻美景不放，殊不知古书中的许多话都是骗人玩的，用来指导现实中的经济生活，等于是爬到树上去抓鱼。王莽死后一千年，另一位雄心勃勃的改革家站到了历史舞台上，将对农业进行一次大手术。他叫王安石。

公元 1067 年，北宋的宋神宗即位了，这位皇帝还是太子的时候，就听自己的老师、王安石的哥们韩维说起过王安石的一些观点，觉得很有道理。20 多岁的宋神宗一登上皇位，意气风发，想扭转北宋总被北方契丹压制的屈辱局势，提拔王安石为宰相，开始变法图强。

王安石不是王莽，他不迷信古书，而是提倡创新，因此论能力还是有两把刷子的。他最令后世学者们钦佩的创新，就是青苗法。

农民种地是有时节限制的，在收获庄稼之前，基本上是往土地里搭钱、搭力的，只有收获了之后，才有收入补偿自己一年的付出，也许还略有盈余。农民手头最紧的时候是庄稼还处于青苗、没长成的时候，此时如果没有足够的资金，可能就会影响一年的收成。

王安石感受到了农民的困境，他在担任地方官的时候，就尝试着由官府出面，允许农民以地里的青苗作为抵押物，以低于私人利率的利率从官府那里申请贷款，待庄稼收获后归还贷款。农民们很欢迎这一贷款创新，在青苗时节有资金保障，秋后的丰收就有保障了。

后世学者也对青苗法非常称道，王安石此举具有划时代的意义，他第一次尝试了由国家金融机构出马，向面朝黄土背朝天的农民们提供小额贷款，促进粮食生产。面对农民和农业，王安石没有像那些迂腐的儒生们那样空谈孔孟之道，而是从金融的角度切入，解决经济中的实际问题。

王安石当了宰相后，就开始在全国范围内推广自己的青苗法。他规定，每年收获之前，农民可以到当地官府借钱或借粮，以补助耕作。贷款的农民要贫富搭配，10 个人互相担保，互相监督；贷款数额要根据借贷人的资产状况而定，一等农户可以借 15 贯，末等农户只能借 1 贯。当年借款要在收获后偿还，每期贷款要收 2 分的利息。这 2 分不是现在的 2 分钱，而是本金的 20%。比起现代银行每年百分之几的贷款利率，王安石的贷款利率还是挺高的，不过对于急需用钱的一些农民，这也不失为融资的一个渠道，还是很有经济价值的。

一开始，青苗法在河北、京东、淮南三路推行，然后又推向了全国。让王安石没料到的是，青苗法本意是在青黄不接的时候给农民提供一个保障，但在执行的时候，地方官员却挖了变法的墙脚。出于赚钱或者邀功的私利，他们强迫农民向官府借贷，而且还随意提高利息。如此一来，青苗法就完全变味了，成了官府强迫农民接受的高利贷。

屋漏偏逢连阴雨，青苗法推广不久，全国各地连续数年遭遇了旱涝和蝗虫灾害，受灾面积很大。此时，应该是积极救灾才对，但各地官员却为了完成青苗法定下的贷款任务和利息收益，逼迫受灾的农民足额交还本金并利息。许多农民立刻倾家荡产，甚至卖儿卖女，或者选择逃亡。

王安石的另一个经济创新——均输法，也遭遇了和青苗法类似的命运。

在古代中国，中央政府需要全国各地输送财物，满足国家养活官员、运转政府和建设、救灾等的需要。但是同一个地方，有的时候年景好，有的时候年景差；同一种物品，有的地方卖的贵，有的地方卖的贱。如果不考虑各地的具体差异，统一征收财物，国家可能就会买了很贵的物品，花了冤枉钱。此外，古代交通不便，从距离京城很远的地方征收来的物品，运输成本很高，劳民伤财。

为了不让中央政府当冤大头，王安石参考过去的做法，提出了自己的均输法。具体的措施是，由朝廷任命一些称为“发运使”的采购员，统管中央政府的采购事项，全国各地哪里的东西便宜，就去哪里购买。价格相同时，则就近购买，节省运输成本。中央政府用不完的物资，由发运使卖到物价高的地区去，这样一来，政府不仅节省了办公经费，有时甚至还能利用差价赚钱，国家财政又多了一项收入。

均输法有现代政府集中采购的影子，可以降低政府的办公费用。再次令王安石没想到的是，国家公务员又一次挖了变法的墙脚。王安石给发运使们的任务是采购一些滞销、价廉的物品，等到物价上升后卖掉获利。可在实际运作中，发运使们利用政府特权，专门到地方上去抢购紧俏物资，倒卖到需要的地方，牟取巨额利润，在上交了上司下达的利润后，剩下的钱都中饱私囊。

于是，发运使衙门就变成了一家国营公司，而且还是垄断企业，市场上什么生意赚钱，发运使们就垄断这个生意，排挤民间商人进入该生意。许多民间商人被挤压得无法经营下去，商业变得萧条起来。

结果，政府的办公经费的确有所下降，但更多的钱都落入了发运使的私人腰包，而民间商人和百姓却备受盘剥，市场变得越来越萧条。现代官办垄断企业的罪恶，一样不少地出现在北宋王安石变法的时期。王安石在皇帝面前吹出来的“民不加赋而国用饶”的美好肥皂泡，眨眼就破灭了。

宋神宗一归天，王安石失去了大靠山，很快被新皇帝从宰相的座位上给拿下了，取代他的是曾经的好友司马光。司马光不仅会砸水缸救小朋友，他也会砸烂王安石的所有变法措施。王安石变法得罪了一大批元老，也包括曾经欣赏自己才学的司马光、韩维等人。北宋最后几十年的政坛风云，就在改革派和保守派互相拆台中度过，至于国民经济和农民的幸福，没人真正在乎了。

放牛娃皇帝的羡慕嫉妒恨

说到真正在乎农民日子过得好不好的皇帝，就不能不提明太祖朱元璋了。

朱元璋也许是中国古代出身最贫贱的君主了。父母早早死于瘟疫，小朱元璋成了孤儿，为了生存，他放过牛，进寺庙当过和尚，受尽了生活的苦难。好在元朝末年天下大乱，给了放牛娃天大的机遇，从卑微的草寇开始，一步步打拼下来，竟然成为大明王朝的创始人！

朱皇帝的所作所为，如果我们能站在放牛娃的角度上看，就很容易理解了。

朱元璋对贪官污吏深恶痛绝，和宽大为怀、不杀士大夫的宋朝截然不同，他颁布了空前严厉的反贪法令，任何官员贪污 60 两银子以上者，杀无赦！这不仅仅是表达了一种决心而已，他还让县衙一级的官府机构设置了一个土地祠。千万别以为土地祠是供奉和祭祀土地爷的，那里是用来剥人皮的！该杀的贪官污吏会在土地祠内极刑伺候，把皮剥下来，塞上稻草，做成恐怖的稻草人，并挂在座位旁边，供众人欣赏。见到人皮稻草人的公众，都感到不寒而栗。

朱元璋是痛恨贪官污吏侵吞了老百姓的财产，也侵吞了他朱家的财产吗？不只是这个原因，放牛娃年少时亲眼看到父母饿死，而本该发给自己父母的赈灾粮食却被官吏贪污了，于是一旦皇权在握，他就要建立一个干干净净的政府，官员必须人人清廉，这不仅是他的梦想，也是告慰父母的在天之灵。

发动人民群众打击贪官污吏，这是朱元璋的一大发明。他规定，如果有地方官吏鱼肉乡里，老百姓可以奋起擒获他们，然后送到京城来治这帮狗官的罪，而且陆上各关卡必须放行，如果有人敢官官相护地阻拦民众，不但要处死，还要株连九族。还别说，明朝真就发生过老百姓抓住贪官后送到京城的案例，这些倒霉贪官的下场，不用说诸位也猜得到。

商人是朱元璋痛恨的另外一种人。放牛娃虽然天资很好，却基本上没读过书，他对世界的经济规律是这样理解的：只有生产粮食和棉花的工作，才是这个世界上最高尚的职业，那些商人不仅自己不创造社会财富，还剥削农民，这是一群坏人。朱元璋曾经出台过一个让人啼笑皆非的规定：农民可以穿绸、纱、绢、布四种衣料的服装，而商人只能穿绢、布两种低等料子的衣服。

江南巨富沈万三在朱元璋打天下之时，曾经全力资助朱元璋，据说定都南京城时，沈万三提供了建城资金的三分之一。朱元璋一开始对沈万三还算客气，给沈万三的儿子封了官。但当了皇帝之后，朱元璋翻脸不认人，不仅抄了沈万三的家产，还把沈万三发配云南，到死都没让他回江南。

放牛娃恨地主，这很好理解，地主是农村的强势阶层，农民和地主起了争执的时候，吃亏的往往是农民这一弱势群体，放牛娃小时候肯定没少受地主的欺负。朱元璋目睹了元朝土地兼并带来的大量农民流离失所的凄惨景象，掌握了权力后，刻意打击地主阶层。旧王朝的权贵肯定要连根拔起，而那些与自己一同打下江山的开国功臣们，朱元璋竟然也不放过。

新的权贵阶层随着新王朝的建立而出现，他们同样也会兼并土地，于是朱元璋挥动屠刀，将追随自己的开国元勋们一一杀掉，没收他们的土地，重新分配给农民。朱元璋杀功臣，一方面当然是“狡兔尽，走狗烹”，维护自己的宝座安全，另一方面也与他对地主的痛恨有关系。

对于读书人，放牛娃是羡慕嫉妒恨。有大臣曾经想让他与北宋大儒朱熹攀上亲戚，以抬高自己在人们心目中的地位。但不要说别人信不信了，就是朱元璋自己都觉得攀这门亲戚底气不足，于是朱元璋老老实实地拒绝了大臣的攀亲提议。

如何对待读书人，是朱元璋比较头疼的问题。一方面，治理国家不是攻城略地，需要借助读书人的才学和智慧才行。但另一方面，这帮读书人一样会腐化堕落，变成放牛娃痛恨的贪官污吏、地主富商，必须要警惕。最终，朱元璋选择了废除宰相制度，各中央部门直接向皇上汇报工作，此举加强了皇权，削弱了官僚阶层对朝政的干预，自然也削弱了他们腐化堕落的机会。

在把可能威胁到“新农村建设”的各方力量都打压下去之后，放牛娃开始对农村进行改造，面对农民朋友，他变得慈眉善目起来。他以村为单位，推行里甲制度，说白了就是实现农村的自治。农村的干部是由村民推举出来的德高望重的长者，村子里发生的各种鸡零狗碎的纠纷，都由长者来裁决；朝廷的法令也由长者来传达给农民们。

皇帝要求，全国每个村庄都要置鼓一面。一到农忙时节，要指定专门人员在清晨五更时分擂鼓，让人们早早起床，下田干活。睡懒觉不下田的人，要由老人督责。如果老人没有尽到责任，导致懒人生活困窘从而铤而走险干坏事，一旦被官府抓到了，老人也要有连带责任，要受惩罚。

每年正月和十月，“新农村”要开全村大会，表彰道德高尚的村民，号召大家都向先进分子学习。对于那些行为不端的村民，村干部要进行训责，如果这些人还顽固不化，就会向朝廷申请，把这些人送去充军。

基层干部选举制和全民会议制，是放牛娃奉献给父老乡亲们的两个创新制度，他希望用这些朴实无华的简单制度，缔造出幸福和谐的“新农村”。

朱元璋甚至还指挥官员们给全国人民盖房子。洪武七年，他给南京的官员下旨，让他们找块空地，盖260间大瓦房，给南京城里没有住房的人居住。一个月后，他又给附近的华亭县（今上海）下旨，让他们把宋朝留下来的旧房子翻修一下，给没有房子住的人居住。

南京和上海的事儿很快办好了，放牛娃龙颜大悦，觉得全国也能这么搞，于是命令天下所有的郡县，辖区内有吃不上饭的，官府要提供食物；辖区内有没房子住的，官府要提供住房。地方官一想，京城及附近财大气粗好办事，但我们这些穷乡僻壤的地方，要搞这套还真有点儿难办。他们向朱元璋汇报工作，放牛娃不高兴了，说你们在我手下当官，就得体会我的心思，我可是不想让天下的百姓没有饭吃、没有房住的。

试图利用国家力量给全国的穷人盖房子，朱元璋可能是第一个这么想的皇帝。至于国家财力是否能完成此重任，那是地方官应该考虑的事情，皇上好像不管。

放牛娃的确在有生之年，缔造出了“新农村”的雏形。战乱之后的和平时期，大明王朝的农民得到了喘息之机，开始休养生息。昔日的地主倒台了，新的地主也被打压了，农村中的土地兼并被阻止，更多的人拥有耕地，能够养活自己。

然而，放牛娃建立的“新农村”，除了生产粮食和棉花，让农民有饭吃，有衣穿之外，还能有更高的财富追求和精神追求吗？一个社会要发展，就必然要诞生一些以农业为基础但是高于农业的行业，谈工业革命就对“新农村”要求太高了，但即使是精美的日用品，放牛娃的“新农村”也难以提供，因为一件普通的瓷器，就需要许多设备和工序，需要许多工匠的通力合作。100 个放牛娃聚在一起，可以放牧更多的牛，却不能制造出一件雕花的瓷瓶。

实际上，朱元璋在开经济发展的倒车，他企图让世界的经济退回到最基本的农业层次上，取消商业和服务业，让所有人都仅仅以吃饱穿暖作为生活的理想。可是人们享受生活的欲望是与生俱来的，即使是一个放牛娃，给他两块饼，一块上面有芝麻，一块上面没芝麻，他也会喜欢吃那块有芝麻的饼，要是那饼上抹了油，就更受欢迎了。

重农抑商的观点在古代中国屡见不鲜，朱元璋不是第一个持这种观点的人，他也绝不是最后一个。直到信息时代的今天，许多中国人的头脑中依然会觉得商人是奸诈的，读书人是脱离实际的，而农民是朴实的，这算是重农抑商观点的残余吧。

与人的基本欲望和经济发展的趋势作对，注定不会有好果子吃。朱元璋在位期间遍地清官，他死后，明朝的贪官层出不穷，野火烧不尽，春风吹又生。朱元璋打压了所有的势力，开国元勋、官僚阶层、商人阶层、地主阶层，于是他只能依靠自己的宗族管理国家，把自己的儿子分封出去，各自带兵，燕王在北京，晋王在山西，秦王在西安，宁王在大宁……希望京城一旦出事，他们各自带上三千铁甲靖难，就可以摆平所有问题了。可就在他死后，燕王带头造反，干掉了朱元璋指定的继承人。人对权力的强烈欲望和对芝麻饼的欲望，那是一样一样的，想靠简单的乡里亲情来治理好国家，太幼稚了。

也正是这些宗族子孙，成为明朝中后期土地兼并的主力军，他们的贪婪彻底破坏了朱元璋亲手缔造的“新农村”，打碎了放牛娃田园牧歌似的理想社会，农民再次成为弱势群体。

为什么受伤的总是农民

从王莽、王安石到朱元璋，都试图利用手中的权力，给农民开辟出一片乐土，结果一个身败名裂，一个宦海沉沦，一个死后洪水滔天，所有的改革，结果都重新归零，甚至有时农民的生活水平还不升反降，结果为负值。

古人也曾经观察到这个现象。明末清初的思想家黄宗羲对农民之难有一番论述，大意是各朝各代都曾经进行税赋改革，可是每改革一次，农民头上的税就加重一次，而且一次比一次重；农民种粮食，却要等生产的产品卖了之后，用货币交税，中间还受到商人的一层剥削；不分土地好坏，许多朝代都统一征税，只有中下等土地的农民日子苦不堪言。这个论述被后人称为“黄宗羲定律”。

为什么受伤的总是农民？古代中国是一个农业国家，税收收入的绝大部分来自农民上缴的钱粮，而税收支出却往往很少用于农民身上，统治者利用手中权力，对底层农民进行盘剥，有些改革根本就是以盘剥百姓为实质的，这是“黄宗羲定律”出现的重要原因。

但除此之外，从经济学的角度来说，古代中国的农民天然就处于弱势的地位，他们生产出来的基本产品——粮食，是一种弹性很小的产品。这里说的弹性，不是大米松软不松软，也不是面条筋道不筋道，而是指当粮食价格变化时，市场上对这种商品的需求量变化大不大。

粮食的价格弹性小，意思就是粮食价格变化时，人们对粮食的需求量变化很小。当粮食价格下降时，人们也许会适当地增加一些粮食需求量，但是增加得很有限，因为人的胃口基本上就是那么大，不可能一下子提高太多。反之，当粮食价格上涨时，人们对粮食的需求量也不会有大幅度的下降，毕竟人们总要填饱自己的肚子。

如果我们排除农民上缴的皇粮多少，只看农民自己种粮食获得的收益，就会发现即使出现大丰收的年景，农民们竞相要卖出自己生产的粮食，而需求量却上升很小，这样粮食的出售价格就会下跌。甚至在有的时候，大丰收后农民的收益反而会下降，这就是所谓的谷贱伤农。

粮食虽然是社会的基础物资，但种粮食难有好的收益，这的确是很无奈的事实，但也是我们必须接受的现实。朱元璋就不愿意接受这个现实，或者也许他不懂得什么是粮食的弹性，他希望通过让人们安心务农、生产粮食和棉花这样的初级产品，获得幸福的生活。想法很好，可惜违背了人性规律和经济规律。

如果一家农户拥有大量的土地，变成了农场主，大规模生产粮食，提高生产效率，的确有发家致富的可能。但是偏偏古代中国又是个农民人口偏多而耕地偏少的国度，人均耕地很少，兼并土地并提高农业生产效率，就会制造出大量的无业游民。而且缺乏吸纳大量剩余劳动力的行业，又不组织剩余劳动力向海外殖民，大量的无业游民一旦出现，就会威胁王朝的统治。

为了维护王朝的稳定，就只能抑制土地兼并，让每个农民都能有一块地，不论这块地多么小，好歹能养活人。本篇介绍的三位改革家都是这么想，也都是这么做的，古代中国人口与耕地的国情，决定了他们改革的回旋余地并不大。能够吸纳大量剩余劳动力的工业革命和信息革命的时代，距离他们还太遥远。

三位阿土仔，真的很无奈。

第十篇

郑和下西洋的秘密任务

燕王的人马已经到达了南京金川门，建文帝打算出迎，左右人等都散去了，只有几个贴身侍从在旁边。建文帝叹息说：“我没脸相见啊！”于是在宫里放火自焚了。燕王高风亮节，捐弃前嫌，派遣太监前往救援，可惜来不及了，只从大火中把建文帝的尸首抢了出来。燕王哭着说：“你果然如此痴呆啊，我来是为了帮助你做好皇帝，你竟浑然不觉，而走上绝路！”

中国古代有一本书叫《春秋》，有一个历史时期叫春秋时期，另外，还有一种写历史的方法叫做春秋笔法。上面这段文字是燕王朱棣干掉自己的侄子建文帝篡夺帝位后，史官运用春秋笔法描写建文帝之死的“杰出”作品。当我们查阅中国的史书时，最痛苦的事情莫过于遭遇春秋笔法了，那些毫无出处和佐证的历史根本没有参考价值，更可怕的是，许多史官在皇权的威慑下胡言乱语、胡编乱造，误导我们这些后世的阅读者。

建文帝之死就是一宗无头案。当时宫中大火也许是真的，但那些给朱棣脸上贴金的描写，你要真信，就上当了。建文帝也许的确活不见人、死不见尸，这让他的叔叔朱棣十分烦恼。如果这个侄子还活着，可以逼迫其“退位”给自己；如果这个侄子的尸首找到了，旧帝死了，自己可以顺理成章地继承大统，成为新皇帝。找不到建文帝，朱棣只能编一套瞎话，说这个侄子想不开，放火烧死了他自己，龙椅自然也就该由叔叔来坐了。

朱棣当上皇帝，按说这宗无头案也就过去了。然而朱棣在位期间，命令手下一位太监率领庞大的舰队和士兵，劈波斩浪，耗资无数，多次下西洋，让人不禁疑惑朱棣做这件事的动机，是不是为了寻找那个人间蒸发了的建文帝？

找个逃跑的废帝，用得着七下西洋？

那个太监，就是大名鼎鼎的郑和。其实他本名不叫郑和，而是姓穆罕默德，一听这个姓就不是祖籍中土的人士。实际上，郑和的祖先原本是中亚贵族，在元朝初年迁到了中国，后来定居于云南，取了一个汉姓“马”，与穆罕默德的“穆”字谐音。郑和本名马三宝，12 岁的时候，飞来横祸，明军打到了云南，他被抓进了军营，阉割后做了太监。不幸中的万幸是，他跟对了主子，进入了燕王府做事，这位燕王，当然就是后来的明成祖朱棣了。

朱棣对这个马三宝非常赏识，在发动叛乱后，马三宝还为朱棣立下了战功，看来这个太监绝非常人。打下江山之后，朱棣论功行赏，赐马三宝“郑”姓，改名郑和，授予四品官职。皇帝赐姓对于臣子来说，是至高无上的荣耀，许多一品大员也没有这样的待遇，可见郑和多么受到朱棣的器重。

永乐三年（即 1405 年），郑和奉皇帝的命令，率领 28000 余人、40 余艘船，从苏州刘家河出发，开始了第一次下西洋的壮举。到宣德五年（即 1430 年）郑和最后一次下西洋为止，郑和带队总共 7 次下西洋，每次的人员、船只规模基本上都和第一次没有什么差别。按照永乐皇帝朱棣的诏书，下西洋的目的是扬我天朝国威，让四方蛮夷归服。不过根据《明史·郑和传》透露，“成祖疑惠帝亡海外，欲觅踪迹”，也就是说，朱棣怀疑建文帝跑到了海外，所以派郑和去寻找这个废帝的下落。

这的确是一个貌似合理的下西洋的理由。在儒家思想的灌输下，古代中国人非常热衷于维护“正统”。朱棣虽然是朱元璋的第四个儿子，但按照正统的说法，朱元璋的位子是要传给大儿子的，大儿子早死，所以才传给了大儿子的大儿子，也就是后来的建文帝，皇位根本没有朱棣什么事儿。朱棣夺位之后，当时的天下第一大儒方孝孺拒绝为他服务，披麻戴孝在朝堂之上写下“燕贼篡位”，愤怒的朱棣灭了方孝孺的九族后还不解恨，连带着方孝孺的弟子、朋友一并杀戮，这就是所谓的灭十族。

这种维护正统的观念在古代异常强大，所以一天不能确定建文帝已经死了，朱棣一天都不能安心。这样看来，让自己的心腹郑和兴师动众地去海外寻找建文帝的下落，并不算是铺张浪费，事关自己的宝座，花多少钱都是值得的。

但是这个理由无法解释朱棣为什么让郑和前后六次下西洋（第七次下西洋时朱棣已经死了），从永乐三年一直找到永乐十九年。第一次下西洋，郑和的船队就已经到了印度西海岸一带的古里，并在那里立碑留念，碑上刻字“去中国十万余里，民物咸若，熙皞同风，刻石于兹，永示万世”。如果仓皇出逃的建文帝能跑到比古里还远的地方，那得在海上以刘翔一般的速度飞奔了。寻找一个生死不明的废帝，根本用不着下西洋这么多次。

所以，寻找建文帝最多只能算是个附带任务，那么扬我国威是不是主要任务呢？

明朝的确有这样的传统。朱元璋开国之初，就派人奔赴日本国和东南亚各王国，宣布现在中土是明朝了，各位要积极前来朝贡，还把许多东南亚王国列为“不征之国”，那意思就是天朝不会派兵攻打你们，你们不用害怕，我天朝过去不称霸，现在虽然强大了，但还是不打算称霸，只是你们一定得来朝贡啊！

明朝建立的事情，经过朱元璋这么大肆宣传，早就被东南亚各国所知晓了，本来不需要再去宣传。不过朱棣篡位之后，为了打扮自己的“正统”形象，还是很有必要再次对外宣传宣传，让国际友人都知道自己是如假包换的明朝皇帝。

郑和下西洋在外交上的确下足了工夫，每到一国，就和国王搞好关系，撒下大把的财物，力邀国王派出使节回访天朝，甚至有些国王还亲自动身回访天朝。当然，那个时代不是联合国里一国一票、大家平等的时代，当年那些东南亚国家的国王虽然贵为国家元首，其实比部落联盟酋长强不到哪里去，随便带一些土特产去明朝，就能获得丰厚的回报，顺便旅游一下，还不用自己掏路费，何乐而不为呢？有些小国国君甚至在旅游期间，病死在大明帝国境内，真是此间乐，不思蜀啊！

但话分两头说，如果郑和下西洋真的是为了扬我国威，建立睦邻友好关系，明朝似乎也太不值得了。首先论实力，当时郑和接触的这些东南亚、南亚国家没有一个能上台面的，不论人口、面积还是经济，和明朝至少差两个数量级。一头狮子愿意和一群狼睦邻友好一下，却肯定懒得搭理一群老鼠。生物界的规律如此，古代国与国之间的关系也是如此，弱国无外交。第一次下西洋，郑和这个老江湖就已经把这些小国的实力摸得八九不离十了，扬我国威的目的也已经达到了，没必要浪费财力再下西洋了吧？

其次论距离，郑和拜访的一些国家甚至远在印度洋的西海岸，那些阿拉伯部落和非洲沿海部落除了给天朝送来几只长颈鹿，让天朝误以为是麒麟之外，还有什么利用价值呢？就算是为了交朋友，也没必要带上2万多士兵和几十艘大船过去吧？

千万别低估朱棣和郑和的智力，这一君一臣完全可以位列最精明的一批中国人之列，千万不要以为，他们只是脑子发热，才干出这种赔本赚吆喝的事情。不会，绝对不会！这君臣之间一定还有不可告人的秘密，郑和连下西洋，其实是为了执行某些秘密任务。

差钱，还是差钱

下西洋行动的总策划是朱棣，因此我们得站在朱棣的角度来想问题。作为一个泱泱大国的皇帝，朱棣要处理的重大问题无非是两件事，一件是国防，要时刻警惕元朝的后裔——北元的蒙古人卷土重来。朱棣雄才大略，把都城从南京迁到北京，直面北方的挑战，并数次御驾亲征，大大削弱了蒙古各部的实力，使蒙古铁骑几十年间不敢越雷池一步。郑和下西洋显然和国防扯不上关系。

另一件就是内政了，朱棣面对一个老爸朱元璋留下的难题：差钱。

其实我们在前面篇章中就已经谈到，中国境内金矿和银矿十分稀少，因此在金属作为货币的古代，一旦中华王朝的经济有所发展，经济总量和货币总量的矛盾就会日益突出。朱元璋一开始试图沿用元朝印制纸币的老办法，发行大明宝钞来增加货币供应量，与日益增长的经济总量相适应，结果由于无法控制纸币的贬值问题，大明宝钞可耻地失败了，民间依旧用铜钱作为货币。

但是铜钱本身是贱金属，一枚铜钱的价值很小。在小额交易中铜钱还是很方便的，比如买棵白菜、打瓶酱油什么的，但是经济越发展，就会出现越来越多大额交易，这时铜钱的麻烦就来了。大额交易对铜钱的需求量非常大，可是古代铜的开采量受到技术落后和铜矿难寻的限制，不能在短时间内提升。同时从铸造角度看，铸造一批铜钱和铸造一批银币所费工时基本一样，但是平摊到每枚钱币上，铜钱的铸造成本同它本身的价值相比，就非常可观了，相反银币由于本身价值高，所以铸造成本相对来说比较低。

更糟糕的是，铜钱不足，同时经济发展制造出大量的产品，两相比较就会使得一枚铜钱的购买力大大增加，或者说叫做通货紧缩，原来一个铜钱能买一斤粮，现在一个铜钱就能买两斤粮，这对于中国底层的自耕农来说，他们卖粮获得的铜钱变少了，这可不是好消息。货币数量过少，又不开印纸币，人们就不得不采取繁琐的以物易物的方式做生意，经济发展受到了阻碍。

朱棣也许并不会有这么现代的金融观念，但他迫切需要找到一条发财致富的捷径，维护大明帝国的统治。北方游牧民族与明朝长期对抗，蒙古高原那边不可能有什么发财的机会。那么南方的海上有没有机会呢？假如能够在海上找到贵金属比如黄金、白银的产地，武力抢夺或是和平贸易，都会给大明帝国带来足够多的货币，国内经济的差钱窘境也将一举解决。

以上内容纯属猜测，如有雷同，不胜荣幸！

作为一个王朝的管理者，一个脑瓜子足够好使的皇帝，朱棣这样考虑问题是很自然的事情。看看郑和七下西洋的壮观场面，我们可以继续揣测圣意，这一方面是为了寻找海外货币来源，另一方面是为了向海外宣告，东亚天朝有限公司拥有强大的实力，华尔街信用评级是最高级，用你们的金银购买我们的陶瓷、丝绸，做生意会得到强有力的保障。

这就是郑和下西洋的一个秘密任务：找钱。确切地说是寻找发财致富的机会，如果能够找到贵金属货币，比如黄金和白银，就可以有效缓解国内的货币危机。

不过，这个任务是不可示人的。明朝是一个道德至上的时代，你可以闷头发大财，但是绝对不能宣扬你喜欢钱。如果你说了，就会被儒生们的口水淹死。朱棣杀了天下第一大儒，名声已经够糟糕了，如果再明目张胆地说我派郑和去找俩钱花，简直不敢想象后世的儒生会用多么恶毒的语言咒骂这个永乐皇帝朱棣。

既然这帮掌握话语权的文人喜欢讲道德，那我朱棣就高举道德的大旗好了，公开宣布我派郑和出海是为了扬我国威，让四方蛮夷归化天朝。从儒家的正统观念看，这个理由太主旋律了，于是反对之声寥寥。背地里，朱棣与郑和却务实地寻找发财致富的良机。

看一个人也好，看历史也好，都不能只看人们公开说的那套东西，而要看人们背地里在干什么。

那么，郑和实现找钱任务了吗？

嗨，听说非洲有金子！

爱情不是你想买，想买就能买；找钱不是你想找，想找就能找。正所谓“在家千般好，出门万事难”，郑和要挑战的，是当时世界贸易的固有秩序。

明朝前期，世界贸易的开展是以西亚为中心的。当时的阿拉伯人充分利用了自己位于欧洲、亚洲、非洲三洲交界的地理优势，玩了一个三角贸易。具体的经营模式是：从中国进口丝绸和瓷器，倒手到欧洲，换回欧洲的工业制品如玻璃之类，然后把欧洲货倒卖到非洲，交换黄金和象牙，最后再用黄金和象牙购买中国的丝绸和瓷器。这么一圈贸易做下来，阿拉伯人的腰包就鼓了起来。而和阿拉伯人做贸易的欧洲人、亚洲人甚至非洲人，都非常眼红这笔巨额利润，琢磨着如何能够一脚踢开阿拉伯人这个二道贩子，直接和远方的商人做生意，赚大钱。

郑和的目标直指非洲的黄金和象牙，这估计也是朱棣的心思。于是，郑和第一次下西洋，扫清了从南海到印度洋的一些阻挠势力，最远抵达印度西海岸的古里；第二次下西洋，巩固了与沿途东南亚、南亚各国的关系；到第三次下西洋，郑和的船队不仅抵达了阿拉伯人所在的阿拉伯半岛，直接接触了世界贸易的中心地区，而且还派出一支船队远赴非洲东海岸，和非洲的黑人接上了头。

对于这支船队的远航目的，应该不是郑和心血来潮，随便探险玩玩，而要看作是郑和深思熟虑后的行动。郑和应该已经知道大量黄金的产地在非洲，也许他下西洋之前就知道，也许是此前的某次下西洋时知道了消息，不管怎样，这支船队几乎可以肯定，是为了非洲的黄金而去的。

很遗憾，东非地区曾经出产黄金，比如古埃及的黄金就来自东非的苏丹境内。但是到了明朝的时候，东非的黄金已经开采光了。阿拉伯人获得的黄金都来自西非的内陆地区，必须穿越撒哈拉沙漠才能获得。

公元 14 至 17 世纪，西非是马里帝国的天下，这个时间也大致是明朝的时期。当时全世界可能有一半的黄金产自西非。1324年，马里帝国的皇帝曼萨·穆萨前往麦加朝觐，带着大量的黄金在开罗等地大肆挥霍，导致当地黄金严重贬值，通货膨胀持续了几十年，此事轰动了当时的世界。

没有骆驼队，任何人也休想把大量的黄金运送出来。郑和要想获得黄金，也只能通过繁琐的方式，从阿拉伯人那里间接获得。他虽然是穆斯林，可以自如地与阿拉伯人交流，可是要让他去和西非的酋长打交道，建立一条贸易线路，难度太大了，这不是一代人、两代人能完成的。而明朝本质上还是个农业国家，虽然出了朱棣这个另类皇帝以及郑和这个大航海家，却后继无人，古代中国没有动力，也没有能力与如此遥远的地区建立贸易线路。

寻找黄金的行动就这样以失败而告终了。要想找钱，得另谋出路了。

别急，郑和还肩负着第二个秘密任务。

郑和海外贸易网的敌人

既然绕不过阿拉伯人这个二道贩子，那就让阿拉伯人赚点儿差价吧，只要他们能和大明王朝直接做生意，非洲的黄金、象牙最终还是会抵达天朝境内，充实国库，增加货币供应量。

即使是这个有所让步的贸易模式，大明王朝竟然也无法实现！按照大明皇帝的如意算盘，阿拉伯人应该和朝廷的官方买卖机构进行交易，购买朝廷统一采购的陶瓷、丝绸等商品，支付的黄金就直接进入了官方的国库中，朝廷于是获得丰厚的利润。

没想到，那帮脱离了天朝控制的海外华商横插一杠子，破坏了大明皇帝的伟大战略。其实从宋朝开始，中国沿海的民间海外贸易就相当发达，许多发家致富的中国海商甚至在海外建立了自己的商业基地，比如现在的新加坡，就曾经是海外华商建立的港口。这些华商一方面在中国沿海有深厚的根基，可以从中国境内采购优质的商品；另一方面他们又十分熟悉东南亚、南亚的海上贸易网络，他们把中国商品运送到马六甲海峡一带的港口，在那里与前来的阿拉伯商人做生意，换来黄金等贵金属，然后，他们再回到中国采购商品。如此往复，贸易根本不经过中国朝廷之手，利润自然也就由海外华商赚取了。

肥水流入外人田，而且这些外人本应是天朝子民，应该拿钱孝敬皇上的，朱棣自然是无法忍受这样的海外贸易格局。于是，郑和下西洋的另一个秘密任务就浮出水面了，那就是摧毁这些华商的海外基地，让阿拉伯人今后只能和朝廷做贸易。

郑和真的会对这些海外华夏儿女动手吗？史书上当然是不会明写的，因为根据正统观念，中国人是不应该以力服人的，而应该以理服人，用孔孟之道教育这些误入歧途的子民。朱棣要是说我让郑和那小子带了两万士兵去杀华商，恐怕暴君之名是跑不了的。

史书虽然不会明说，却还是会泄露出一些蛛丝马迹，且听我慢慢分析。根据史书记载，郑和第一次下西洋途中，曾经经过一个叫做三佛齐的地方，也就是今天苏门答腊岛的南部，地处马六甲海峡的南端，与新加坡隔海相望，战略位置十分重要。

那里原本只是有一些华商来往做贸易，到了 1397 年的时候，爪哇岛上的满者伯夷国攻打三佛齐，灭掉了那里的政权。一时间场面十分混乱，当地华商拥立一个叫做梁道明的广东商人做三佛齐王，割据一方。这个梁道明也许是出于爱国，也许是出于做生意方便，屡屡向明朝示好，经常去朝贡。

郑和途径三佛齐的时候，发生了一件大事，盘踞在附近海域的大海盗陈祖义凶悍异常，想要打劫郑和船队，当时梁道明北上了，留守的副手及时通知了郑和。于是郑和巧妙设计，陈祖义陷入了埋伏圈，5000多名海盗被消灭，几十艘贼船要么被烧毁，要么被俘，连陈祖义都被擒获了。郑和把陈祖义带回国内，朱棣当着各国使者的面儿，把陈祖义杀了。

史书上的这段记载，都是郑和及其属下的一家之言，那时候没有律师制度和取证制度，陈祖义到底是不是罪孽深重，完全没有其他的旁证。不过，有几个疑点是我们不得不重视的。

首先，郑和船队下西洋可谓大张旗鼓，唯恐天下人不知道。因此，郑和船队的实力也是有目共睹。一股数千人的海盗真的会如此胆大包天，想打劫有2万正规军、船上火力装备充足的皇家船队吗？除非海盗的脑袋被海水泡了，否则他们万万不敢这么干。

其次，郑和下西洋曾经擒获了多个阻碍其远航的头领，包括他所说的海盗头子和一些异邦的国王。结果血管里流着华夏民族血液的陈祖义被杀掉了，而那些异邦国王基本上都得到了赦免，后面我们还会介绍其中的一位。都是犯的同样罪行，为什么判决会差别这么大呢？

真相很可能是，陈祖义是一股海外华商势力的头领。朱棣派遣郑和来收拾这帮海外“流民”的时候，有的华商势力屈服了，比如三佛齐的梁道明；但有的华商势力不愿意这么轻易地放弃自己的海外基业，比如陈祖义。于是郑和就率军攻打陈祖义，剿灭了这股阻碍朝廷伟大战略的“海盗”。对于抗旨不遵的陈祖义，朱棣自然不会手软，当众杀掉陈祖义，杀鸡给猴看，震慑海外的那些不服管的华商。

这不是春秋笔法的胡诌，还是有一些证据支持的。比如清朝时期，英国东印度公司的书记官莱佛士刚到新加坡的时候，发现那里竟然有许多大型城堡的遗迹，可是当地土著并没有能力兴建这样的城堡，也不清楚城堡到底是谁修建的，以及在什么时候修建的。

经过考察后英国人才明白，这些城堡是海外华商自宋朝以来，历经元朝、明朝，兴建的海外基地。然而郑和船队到达东南亚后，联手当地的穆斯林商人，一起攻打这些海外华商的基地，消灭了许多华商势力，摧毁了那些基地。当地的穆斯林商人甚至都不理解郑和这个中国人为何会攻打自己人，而郑和船队的官方说法是，这些海外的中国人都是天朝的逃犯和坏人，他们把自己的父母扔在中国无人照看，自己到海外发财，花天酒地，所以该杀。

这些话多么像是明朝儒生说出来的纲常道理啊！你要真信这一套说辞，就又上当了。

这种自己人收拾自己人的事情，并非明朝首创，早在唐朝时期，就发生过类似的事情。当时盘踞东欧的东罗马帝国对中国丝绸十分喜爱，不惜花费大量的金币、银币，通过丝绸之路购买中国的丝绸。唐朝皇帝也和明朝皇帝一样，希望金发碧眼的外国人能够把金银直接带到长安城来，和长安的官办机构做生意。但是唐朝的民间商人却在丝绸之路上不受唐朝管辖的地方纷纷设立贸易点，他们从中原采购丝绸，偷偷运送到西域，和西方商人做生意，于是金银币就落入了民间商人的口袋。

唐太宗对肥水流入民间田的状况十分不满，派出自己手下的两员大将侯君集和李靖，不惜代价地攻打丝绸之路上的高昌国，那里也是民间商人的重要贸易据点，不为别的，就因为这帮商人抢了朝廷的生意。

这就是古代中国千年以来的经营逻辑，历朝历代的皇上都试图垄断最有利润的那些经济部门，依靠垄断利润来维持自己的统治，而不是放手让民间去经营，依靠完善、有效的税收制度来获得朝廷的运营经费。任何非官办背景的商业集团的出现，对于皇帝都是一种潜在的威胁，因为它们与皇上当董事长的官办商业机构形成了直接竞争关系，一旦民间商人做大了，皇上的公司就没有什么赚头了。偏偏官办部门经营效率又很低，竞争不过民间商人。于是，皇上就会利用手中的强权，要么直接封杀民间商人进入重要经济部门的通道，要么让那些民间商人依附于朝廷，从朝廷那里拿到重要经济部门的“准入证”，给皇上交纳一部分经济利益，才有机会在那些经济部门中分得一份羹。

这种皇权至上的经营模式显然对商业是一种阻碍力量。所以我们就看到，中国古代长期以来，小农经济之上的商品经济要么处在很低的水平上，要么即使繁荣，也是附庸在特权阶层之上的畸形繁荣。

郑和就是朱棣推行官办进出口公司的马前卒，他一方面剿灭海外华商，另一方面则加强对东南亚、南亚小国的官方贸易。比如在郑和下西洋的必经之处古里，郑和的船队会带着瓷器和丝绸前来，而当地国王派出掌管国家事务的头目与明朝的官员面对面地协商价格，定下价格后击掌，并书写两份合约，双方都要信守合同。古里国用当地的金币、银币购买明朝的货物，有时当地商人也会带来宝石、珍珠、珊瑚等，来和明朝官员交换商品。

客观来说，郑和的第二个秘密任务执行得很不错，西洋各个小国纷纷来朝就是证明。只是从成本和收益的角度看，收益还远远没能抵消掉成本，毕竟贸易路线不是一朝一夕就能建成的。

郑和的第三张牌

为了加速打造、建设以大明王朝为中心的经济圈，郑和甚至卷入了西洋各国的政治纠纷中。

根据郑和船队官员的回忆录，郑和七下西洋期间，除了剿灭海外华商之外，与外国人之间也曾爆发冲突，比如锡兰山之役。

锡兰也就是今天的斯里兰卡。按照郑和方面的说法，锡兰山的国王阿烈苦奈儿顽固不化，不仅欺压邻国，影响国际睦邻友好的气氛，还屡次劫掠过往船只，破坏海上自由贸易。在郑和第三次下西洋的时候，曾经拿着朱棣给海外诸国的诏书去锡兰山，劝阿烈苦奈儿改邪归正。没想到锡兰山国王看到郑和率众登岸后，发兵五万偷袭郑和船队，同时阻挠郑和回到船队。郑和临危不乱，分析此时锡兰山国大兵出击，国内必然空虚，于是率领自己的“海军陆战队”袭击了锡兰山国的都城，将阿烈苦奈儿一举擒下，然后押解着阿烈苦奈儿回到大明王朝。

朱棣发扬皇恩浩荡的“国际主义精神”，宽大处理了阿烈苦奈儿等被俘人员，一方面，在阿烈苦奈儿的亲属中选出比较贤能的人立为锡兰山国的新国王，管理国事；另一方面，一年后，把阿烈苦奈儿遣送回国，让其与家人团聚。

从这段单方面的记述看，明朝对锡兰山之役的处理真是有理、有力、有节，整个一个维护世界和平的高大形象。但朱棣篡位后，史官们的春秋笔法已经如滔滔黄河之水，连绵不绝，这段锡兰山之役也免不了有春秋笔法的嫌疑。

为什么作者认为这段记述是春秋笔法？举个例子，斯里兰卡现在全国的总兵力也不过十几万人，而600年前，斯里兰卡是个经济落后、群雄割据的岛屿，总人口恐怕还不到今天的十分之一。当时的台湾岛是什么状况，斯里兰卡就大概是什么状况。以当时斯里兰卡的人口和经济实力，岛屿上的一个锡兰山国真的能聚集起五万大军吗？当年的锡兰山国能有五千士兵就已经可以夸耀了。

以锡兰山国的实力，阿烈苦奈儿会冒险去打劫郑和的船队吗？和我们对陈祖义的分析一样，看到郑和的两万精兵和几十艘武装战船，阿烈苦奈儿避之唯恐不及，怎么会去捋老虎的须子？

对于陈祖义，西洋各国并无历史记述，所以陈祖义可谓死无对证了。幸好对于锡兰山国的这段历史，西洋各国有自己的记录，我们可以站在另一个角度上理解这场战役的背景。郑和下西洋期间，斯里兰卡局势动荡，阿烈苦奈儿曾经被自己的家族成员赶下台，后来在外国雇佣军（应该来自印度南部）的帮助下，才于1399年重新执掌政权。好景不长，1411年，郑和的船队出现在斯里兰卡岛。考虑到这个锡兰国王坎坷的执政经历，我们不得不怀疑，他真的会胆大包天到敢于袭击大明皇家海军？这是不可能的。

在郑和擒获阿烈苦奈儿又把他送回锡兰山国后，他的这一派力量已经土崩瓦解，大权旁落了。一个新国王击退了印度南部势力的入侵（与阿烈苦奈儿是一伙的？），统一了整个斯里兰卡岛。

打败（可能）与郑和船队作对的政权，扶植与自己相对友好的政权，对于打造大明的海外贸易圈是十分有利的。

锡兰不是郑和船队涉入西洋证据的唯一事例。郑和第一次下西洋，到达东南亚的爪哇岛期间，岛上发生内乱，东爪哇和西爪哇打了起来，西爪哇灭掉了东爪哇。根据郑和方面的记述，获胜的西爪哇误杀了郑和的170名士兵。西爪哇王害怕郑和船队报复，于是打算献黄金六万两作为补偿。后来西爪哇拿不出这么多黄金，于是朱棣还慷慨地减免了补偿款。这是国内的史书记述。

关于这段历史，国外的记述是，当时爪哇地区属于满者伯夷这个国家，就是前面所说灭掉三佛齐的古国。老国王去世后，正妻所生的女儿和女婿作为一派，妾所生的儿子作为一派，爆发了王位争夺战。最后女儿和女婿一派获胜，抓住老国王的儿子，并将其斩首。郑和到达爪哇岛时，刚好赶上这场内战。可惜国外对于郑和在这一事件中的角色，语焉不详，我们只能略作猜测。

被杀的 170 名士兵该如何解释呢？误杀的可能性比较低。明朝人不论从肤色、语言还是穿着、佩戴兵器上，都和当地人完全不同，离老远就能区分出来。误杀一两个落单的士兵还有可能，被干掉一个“加强连”的兵力，太匪夷所思了。而且如果郑和真的是去调停内战的和平使者，内战双方有充足的时间了解大明王朝海军的强大实力，不可能在你死我活的情况下，还去横挑强敌，与兵强船坚的郑和船队作对。

所以，那 170 名士兵很可能并非是被误杀，而是郑和船队介入了这场内战之中，在战斗中出现了伤亡。我们现在只能猜测，也许郑和为了明朝和自己的利益，与内战中的一方做了某种交易，希望在战后当地人能够让大明王朝的贸易网覆盖到爪哇岛。

从结果上看，郑和七下西洋期间，的确初步建立起了以大明帝国为中心的贸易网，至少让东南亚和南亚的那些小国愿意与天朝交往。永乐皇帝还开启了三个贸易港口：宁波与日本、泉州与菲律宾、广州与南洋岛国通商互市。

沉舟侧畔千帆过

郑和殚精竭虑打造的这个贸易网太脆弱了，需要时间去巩固，而即使是郑和还活着的时候，大明王朝也已经无暇去加强这个贸易网，使它能够收支平衡甚至收入大于支出。

永乐皇帝在位期间（1402 年～ 1424 年），一共建造了大约 1800 艘海船，其中有 1700 多艘都是在前六年完成的。据估计，造一艘大海船要消耗 1000 石大米（约六七十吨）。用大米作为成本计量单位在古代中国是很方便的，我们千万不要忘记大明帝国前期是非常缺钱的，用钱来计量成本有时候并不准确。当时每年全国的粮食收入有 3000 万石大米，如果按照 6 年制造 1700 艘海船计算，平均每年耗费 28 万多石大米，不足全国粮食收入的 1%，还是可以承受的。

但是永乐皇帝执政中后期，对蒙古多次用兵，国家财政拿不出钱支持航海事业，只能勉力维持下西洋的船队规模。自从明朝把都城从南京迁到北京后，政治中心北移，与支持远洋贸易的南方越走越远，郑和虽然有皇帝的信任和支持，但在朝中却是四面楚歌。特别是郑和从西洋采购了大量的苏木和胡椒，被缺钱的永乐皇帝用来发给群臣以折抵官员的一部分俸禄，群臣拿到的东南亚特产的市场价值比起折抵的薪俸银两少很多，于是朝野对郑和下西洋一肚子怨气。

1422 年，郑和第六次下西洋后回到国内，两年后，永乐皇帝驾崩，新皇帝登基，郑和的皇家舰队出海项目立刻被裁掉，郑和空有滔天的抱负，也只能赋闲在家了。而大明帝国的海上外交关系和贸易网，全靠郑和一手打造，郑和及其船队不出现在海洋上，西洋各个小国就没有了搭便车朝贡的机会，纷纷和明朝中断了联系。

眼看着航海事业就此终结，没想到还回光返照了一把。1430 年，皇帝已经换成了朱棣的孙子。这位明宣宗即位不久，就平定了国内的叛乱，感觉很有必要让海外知道一下天朝现在的皇帝是谁，于是找到了郑和，让他重新集结海上力量，再下一回西洋。

第七次下西洋对于大明王朝并没有什么实际意义，郑和的船队只是沿着当年的路线又巡游了一番，和各个国家的老友们唠唠嗑、叙叙旧。但对于郑和来说，第七次下西洋却具有非凡的意义。1433 年返航途中，郑和在印度的古里病逝了，他的遗体也埋葬在古里。我们不知道郑和在弥留之际有何想法，但作为一名伟大的航海家，没有清闲地老死家中，而是死于自己挚爱的航海途中，这应该是上天赐予他的一种荣耀吧。

郑和走了，大明王朝试图打造的远洋贸易网也就此终结，整个国家龟缩回了大陆，再无雄心扬帆远航。但是，大明王朝缺钱的问题，在郑和去世的时候依然没有得到解决。

黄金、白银，你们什么时候能光临天朝呢？别急，历史真是让人感到匪夷所思，没过多久，缺钱的问题居然轻松解决了。如何解决的，作者将在下一篇章揭晓答案，敬请期待。

以下是片尾字幕时间：

1433 年，即郑和客死他乡的同一年，欧洲小国葡萄牙的国王若昂一世也去世了。这位国王在位期间，树立了向海洋进军的国家政策，并亲自上阵，带兵攻下非洲西北角的重要港口休达，并开办航海学校，支持航海事业。大西洋上的马德拉群岛和亚速尔群岛相继被葡萄牙航海者发现。这位国王死后，他的儿子继续了航海事业，葡萄牙正在步入海权时代。对比大明王朝，朱棣和郑和死后，航海事业也基本终止了，后继无人，这多少令后人唏嘘不已。

1524 年，葡萄牙航海家、绕过好望角抵达印度的达·迦马在印度科钦病逝，此地离郑和病逝的古里不远，东方和西方的航海家以如此另类的方式在异乡相逢了。沉舟侧畔千帆过，当世界进入大航海时代的时候，郑和船队已经逐渐被人淡忘了。

第十一篇

大海有多宽广，郑氏海盗就有多犀利

随着大明皇帝一声令下，三保太监的船队永远地从烟波浩淼的印度洋和南海消失了。对于明朝来说，此举应该算是悲剧还是喜剧呢？

木头要了宝船的命

屁股决定脑袋，这句俗语就其真理程度可以和政治学上那句“经济基础决定上层建筑”相提并论。如果我们一屁股坐在大明王朝的座位上，停止下西洋的决策，显然是一个巨大的悲剧。

那时，世界正在进入大航海时代，欧洲列强以西班牙、葡萄牙做先锋，荷兰做接应，英国和法国做中军，德国、俄国殿后，纷纷撑起桅杆，在占地球表面 71% 的海洋上纵横捭阖，四处占地殖民。而拥有着当时世界上最大规模的舰队、最先进的远洋航行技术的大明王朝，却在这个历史的节骨眼上突然自断经脉，片甲不许出海，把辽阔的大海留给了金发碧眼的欧洲人。几百年后，在海洋中做大的欧洲人把坚船利炮摆在东亚的海滩外时，古老的中央帝国终于为自己对海洋的忽视而受到了惩罚。

坐在吹着空调的房间，喝着欧洲人的“鸟窝”牌咖啡，我们转动地球仪，可以随意轻佻地指责大明王朝的愚蠢，明朝禁海令让中国在几百年间陷入了被动挨打的窘境，其罪真是罄竹难书！可是即使没有了禁海令，郑和宝船就真的能继续纵横四海，中国会先于西欧各国在贸易上称雄海洋吗？

我们也许太想当然了。要了郑和宝船性命的除了明朝皇帝外，还有造船的材料——木材。

小孩子都知道，船是靠水的浮力来停泊在水面的，小孩子还会告诉我们，古希腊曾有一个叫阿基米德的大叔，他知道浮力等于物体排开液体的重力。因此从理论上讲，造船的材料不一定非要用木材，用铁皮也可以，只要有足够的排水量就行了。但我们可是回到了明朝的郑和时代，当时中国的造船技术固然发达，却也没有踏入工业革命和科学革命的门槛，不会用铁板、铁皮来取代木材造船。西方那时自然也没这本事。

情况很明朗了，明朝人造船，就必须砍伐树木。建造的船只体积越大，就越是需要参天古树的树干。糟糕的是，明朝后期，建造船只所用的木材已经开始短缺了。因为在古代，木材除了造船之外，更多的用途是建筑房屋、烧火取暖。从事海上对外贸易的城市若要建造大船，首先会就近砍伐树木，于是海边的优良树种先被伐光。后来，人们又沿河开始砍树，可以顺流而下，把好木材通过水路运送到海边的造船厂。再后来，河边的木材也砍光了，要寻找好的木材，只能去远离水系的深山老林中。

如此一来，造船厂获得木材的成本就大大增加了，这个成本包括寻找木材的时间成本，也包括木材的运输成本，还包括好木材短缺而节节攀升的价格成本。经济学的基本规律教导我们，只有收益大于成本的时候，我们才可以考虑干它一票。如果成本大于收益，本着“无利不起早”的原则，人们宁可躺在家里睡大觉。就在木材成本不断上升的时候，明朝官方投资郑和宝船获得的收益却并没有增加。

大船适合远洋航行，中小船只适合近海航行。郑和宝船是当时海洋上的巨无霸，本可以用于远洋贸易赚取暴利。如果明朝真把郑和宝船开到欧洲去，这一票买卖可就做大了。由于阿拉伯人在西亚兴起，切断了东南亚对欧洲的香料出口，香料可是欧洲人加工肉食的重要调料，口中淡出个鸟儿来的欧洲人当时都快疯掉了，所以才拼了命地派舰队去寻找印度。以郑和宝船几千吨的排水量，运一批胡椒、肉桂和丁香到欧洲……那会赚得一塌糊涂。

可惜明朝政府官员不是现代人，没有这么敏锐的商业嗅觉。他们没能发现欧洲市场对香料等产品的狂热需求，所以宝船最终并没有用来做大规模的远洋贸易，更多的是用来彰显国威，让四周小国承认中国是天朝上国，然后小国定期或不定期地拿一些珍禽异宝之类的东西朝贡。所以宝船对于贸易并无实质的贡献，不仅没有增加国家的财富，反而消耗了大量财富。

成本既然大于收益，那么从长远看，郑和下西洋就不是个好的商业模式了。虽然明永乐皇帝出于各种考虑，包括寻找黄金白银的目的，支持郑和的航海活动，但长此以往，国库难免捉襟见肘，停止下西洋的活动仅仅是时间早晚的问题了。

后郑和时代的“海商王”

既然我们能穿越回明朝，接下来，我们不妨再穿越空间，换个座位，坐在东南亚的海外华商的椅子上。上一篇我们已经知道，郑和出海剑锋所指，其实是那些不归天朝管辖的海外华商。郑和下西洋，给那些海外华商的贸易网络造成了极大的破坏。所以，明朝停止下西洋的活动，对海外华商来说，真是天降喜讯啊。

按照一般人的想法，在郑和时代之后，中国的船只彻底退出了东亚诸海和印度洋，给欧洲人开展跨洋贸易留下了巨大的市场空间。其实，如果我们穿越回郑和时代之后的东海、南海，观察海面上来来往往的船只，就会发现，大部分船只的主人依然属于华人，华人是当时亚洲东部海域当之无愧的“海商王”。

确切地说，那些船只并不是明朝官方的宝船，而是海外华商的大大小小的贸易船只。现在问题来了，明朝官方由于木材短缺，不得不放弃了航海事业，这些非官方的海外华商从哪里搞到了造船的木材，并且违法开工造船的呢？

这些海外华商毕竟出过国，见过世面，不会眼睛只盯着天朝的一亩三分地。在当时东南亚的许多岛屿、半岛上，还生长着茂盛的森林，许多树木可以用来建造船只。于是，这些海外华商就把造船的任务委托给东南亚地区的造船厂，船只建造好后，再开到中国沿海，供自己跨国贸易之用。利用造船外包的方式，华商们成功地解决了郑和时代明朝政府的造船难题。

为什么大明王朝没有借鉴海外华商的造船模式，发展自己的官方船队呢？

一个是面子问题，一个是商业模式问题。首先，天朝乃是上国，怎么能屈尊为了几根木料和周围的那些蕞尔小国开口，做平等互利的生意呢？谈钱，太伤感情和面子了！最有喜感的场面应该是，天朝圣上还没开口，海外各国已经把木料运到了京城，作为祝贺圣上第21个妃子生日的礼物。然后龙颜大悦，圣上再顺手赏给这些进贡国一批上等丝绸和茶叶。

这就是明朝试图建立的一种“商业”模式——朝贡制度。周边小国承认天朝的宗主国地位，定期不定期地向大明皇帝进贡，然后从大明皇帝那里获得远远超过进贡物品价值的赏赐品。做这样的亏本买卖，明朝并不是为了获得商业利益，而是为了获得周边小国的臣服，至少是表面上的臣服。

反观周边小国，放着这种一本万利的买卖不做，就是傻瓜！进贡就进贡吧，面子是小事，发财是大事。但是怎么做，还是得合计合计。明朝缺好木材，但这些小国却不会拿大量的木材当贡品，万一明朝用这些木材再建立一支三保舰队，开到南海和印度洋耀武扬威，这些小国就麻烦了。所以我们看这些国家的贡品中，有象牙、香料、犀角、玉石、珍贵皮毛，甚至还有春药和高丽美女。许多贡品对于天朝宫廷来说，都属于难得的高级奢侈品。但是关系到国家海上贸易和海军前途的优良造船木材，贡品的名单上却几乎看不到。这帮小国，大大地狡猾！

还是让我们回到海外华商那里。虽然手握木材，不过华商们毕竟是商人，他们并没有制造郑和宝船那样的大船，而是建造了数量众多的中小船只，这其实是当时华商的精明之处。

郑和宝船虽然运载量大，但建造成本高昂，速度缓慢，而且需要配备足够的武装护卫力量，否则只能是官府或海盗口中的一块肥肉。

此外，连接太平洋和印度洋之间的马六甲海峡是进行跨洋贸易的重要通道，但那里的热带季风却很强烈，每年会改变一次风向。季风的这个特点对商人来说很头疼，在蒸汽机动力还没有亮相海洋的时代，船员们只能依靠风力和人力远航，顶风穿过马六甲海峡做远洋贸易，是难以实现的。所以，如果这些海外华商一定要建造大船，做远洋贸易，一年就只能来回穿梭马六甲海峡一次，这对于讲求经济效益的商人来说，时间成本也太高昂了。

华商选择了建造中小船只，其经营之道是把中国的丝绸、陶瓷运往马六甲地区的中转站，在那里卖掉货物，然后购买中国所需的印度棉、靛蓝燃料，装船返航，运回中国贩卖。这样做的好处是资金流转很快，每年可以往返中国和马六甲地区数次，不必要等很长时间才得到收益。商人追求的是最大的利润，中小船只就可以满足他们的需要，当然没必要建造巨大的郑和宝船。至于那些卖掉的丝绸和陶瓷如何辗转运送到消费地即欧洲，那是南亚商人和欧洲商人的事情了。

郑氏家族：东亚版“加勒比海盗”

明朝的禁海令断绝了官方远洋贸易之路，但民间的海外贸易仍然在蓬勃发展，因为海外华商站在市场经济而不是天朝威仪的角度做贸易，他们的经营更符合经济规律，即使屡屡遭到大明王朝的打击，他们仍然能把数量大到超出人们想象的商品走私出境。

没有正规途径，那就走私吧。海外对中国的瓷器、丝绸有强烈的需求，而国内又能大量供给这些商品，明朝想凭借国家的力量蛮横地禁止人们做跨海生意，只会让需求更加强烈，走私生意的利润率更高，于是走私就成为十分有利可图的行当。这些海外华商一方面依靠走私赚取利润，另一方面用钱买通明朝海防大员们，对他们的走私睁一只眼，闭一只眼。

前面我们在介绍朱元璋的事迹时已经说过，明朝严厉打击贪赃枉法的官员，不惜用剥皮的酷刑恐吓他们。看看明朝官员们的工资单，都是廉洁清贫的高风亮节者，但其实他们中的许多人日子过得很滋润，这其中贪污受贿是跑不了的，那些海外华商想搞定海防大员并不困难。

在明朝海域的走私船队中，我们要很荣幸地介绍一支最有实力的队伍，他们既当江洋大盗，也做走私贸易，还装模作样地接受招安，帮官府剿灭其他海盗，这支队伍的带头大哥都姓郑，不过他们并不是郑和的后人（郑和幼年就被阉进宫，一生只收了若干养子），而是明朝末年叱咤风云的英雄郑成功的家族成员。

郑成功的父亲郑芝龙是明朝末年最具实力的海盗之王，后来主动接受明朝招安，摇身一变，当了个福建总兵，打着官方的旗号，收编其他海盗集团，向来往商船收税，中外商船没有他的关防文书，一律不得通行，从此垄断了北至江苏吴淞口，南到广东的海上贸易。这段黑道、白道通吃的愉快经历，让郑芝龙的人生定位在了“红顶海盗”，并因此影响了他的一生。

有了官府做后盾，郑芝龙大规模组织船队做远洋贸易，从中国的绸缎、瓷器、药品，到南洋等地的红木、胡椒、犀角、象牙，无所不做。东亚的日本人、东南亚的马来人，以及从遥远的西方跑过来的葡萄牙人、荷兰人、西班牙人、英国人，都是他的生意伙伴。当时正值明朝末年，军队各部军饷短缺，只有福建地区兵强饷足，这都是郑芝龙的功劳。

郑氏海盗当时有多犀利，有两件事情可以证明。一件事是大战荷兰红毛，这可不是郑成功收复台湾的时候，而是发生在1633年。当时荷兰人为了与郑氏船队争夺与日本的贸易权，突然袭击郑芝龙的船队，让郑芝龙损失了20多艘船。愤怒的郑芝龙在一个月后就集结了上百艘战船，在福建金门附近海域与荷兰舰队正面交锋，荷兰大败而逃，自认实力不济，一度放弃了在海洋上与郑氏舰队直接对抗的念想。

另一件事和郑成功的母亲有关。虽然失败是成功之母，但郑成功的母亲不叫“失败”，而叫田川松子，她其实是个日本人，可能是当时日本肥前平户岛主的女儿。郑芝龙大概是出于贸易目的，而和日本人联姻。正是凭借这层关系，郑氏商船在日本受到了比荷兰商船更多的特殊照顾。

然而好景不长，一次郑芝龙要把自己的日本老婆接走，也许是要让老婆看看他自己在中国有多风光。没想到当时统治日本的德川幕府居然不让田川松子离境！明朝闭关锁国已经很变态了，当时的日本其实更变态，不允许日本国民踏出国土半步（派出侵略军攻打朝鲜除外）。破坏夫妻团圆，还让他在老婆面前丢脸，是可忍，孰不可忍！火冒三丈的郑芝龙带上一帮兄弟，驾船登陆日本平户，这一举动把平户当地官员吓坏了，以为大明王朝派军队攻打日本了，慌忙上报幕府将军。幕府将军沮丧地发现，自己得罪的这个海盗头子居然拥有西太平洋最强大的船队，不得不低头，放田川松子离境。

对比清朝后期中央王朝先被西洋人打劫，又被东洋日本人爆头的经历，郑芝龙的这两件事实在是大长国人志气，“咱们祖上也曾经阔过”。

郑氏船队能够东洋人、西洋人通吃，本质上还是得益于成功的海外贸易。根据估算，郑成功掌管郑氏船队期间，每年可以从贸易中获利200万到300万两白银，这个数量级的年收入，就是和明末清初的朝廷相比，也毫不逊色。

郑氏依靠海外贸易的丰厚利润来支撑军费支出，再用强大的海上武装牢牢控制中国沿海乃至东南亚海域的贸易霸权，从中华文明开始以来，这种经营模式算是第一次出现。

中国封建社会的各个王朝，基本上都是通过向农民征税的方式获得收入，维持军事开支，保护自己的国土，本质上走的是土地－农业经济路线。而郑氏海盗却走的是海洋－商业经济路线，当时世界正跨入大航海时代的门槛，郑氏海盗的经营方式与欧洲列强是完全相同的，也更加符合当时的经济潮流。

1644 年清军入关，明朝灭亡，郑氏海盗的黄金岁月也戛然而止了。郑芝龙当惯了红顶海盗，所以还想如法炮制，到大清王朝那里去谋个差事，他的心理期望值甚至比他在大明王朝担任的官职还要高一些。没想到，从白山黑水发家、靠骑射打天下的满族人脑子里根本没有海洋的概念，也还没有领教过郑氏海盗的嚣张，竟然扣留了郑芝龙，让其劝降自己的儿子郑成功投靠新主子。

这还不算，清兵还干了一件更加糟糕的事情，在打到福建境内后，逼死了田川松子，也就是郑成功的母亲。具体过程如何，如今已经很难考证，估计当时兵荒马乱，清军并没有觉得这个女人有多么重要。但对于出生于日本，小时候和母亲一同在日本生活的郑成功来说，这个女人无比重要。顺便说一句，郑芝龙有五个老婆，但郑成功只有一个母亲。

囚父杀母，深仇大恨的梁子已经结下了，郑成功出任郑氏海盗的新 CEO，先是鼎力支持南明小王朝的反清斗争，在南明灭亡后，自己又独自树起了反清的大旗，誓与清廷不共戴天。在 17 世纪 50 年代，郑成功利用自己在海上的舰船优势，频频攻打中国沿海各大城市，甚至逆流而上，从长江口进入内陆地区，打击清朝的势力。可以说，大清王朝与海洋文明的第一次交手，并不是在近200年后的鸦片战争中，而是与郑氏船队的较量。

虽然也曾一度占据某些城市，但郑成功却始终无法在陆地上真正击败清军，道理很简单，他的队伍是“海军”，在陆地上和擅长弓马的清军较量，还是会落下风。实力所限，他占领的农村地区太少，因此粮食始终不足。战争打的一个是钱，另一个就是粮，只有钱没有粮，郑成功打下了城池也守不住，又被清朝收复。

郑成功和清朝就像鲨鱼和猛虎一样，一个在海上称雄，一个在陆地称霸，一时之间谁也拿不下谁。

郑成功赶跑蔗糖救台湾

多年僵持之后，郑成功真切地意识到，自己必须要建立一个可靠的粮食基地。大陆地区基本上都被清朝拿下了，郑成功于是把目光投向了孤悬海外的台湾岛，那里的气候非常适宜稻米种植。于是在1661年，郑成功率领自己庞大的海上舰队进攻台湾，这次面对的其实是个老对手——荷兰殖民者。

客观地说，郑成功收复台湾的本意，并非为了“驱除侵入中华的外国殖民者”“反对帝国主义”这样的崇高目的，在他看来，当时台湾岛的荷兰人当自己的对手并不够级别，他的敌人永远是万恶的清朝，拿下台湾就是为了有地方种庄稼、生产粮食，等钱粮充足后，再与清朝一决雌雄。

荷兰人也的确不禁打，短短几个月，荷兰人就被郑成功打得落花流水，跑回了欧洲老家。与荷兰人一起被郑成功赶跑的，还有一种重要的经济作物——甘蔗。

甘蔗和台湾岛有什么关系？这个说来话长了。

喜欢甜的食物，这是人类的天性。在原始人时期，人类就冒着被蛰伤的危险窃取野生蜂的蜂蜜；进入文明社会后，人们懂得了双赢的经济道理，开始养蜂，生产蜂蜜，满足对甜味的嗜好。但蜂蜜的产量始终相当的低，无法满足人们的口舌之欲，直到人们发现了一种能大量提炼糖的植物，它就是甘蔗。

从 1500 年左右开始，人们四处寻找适合种植甘蔗的地方，以大量生产蔗糖。甘蔗这种植物需要种植在日照足够强烈、降雨量又大的地方，而最符合这些要求的地点是热带、亚热带的一些岛屿。于是，一座又一座热带岛屿被当时的欧洲列强攻占，他们砍掉岛屿上的森林，开辟出辽阔的甘蔗园，并强迫当地土著或者从非洲运来的黑人做苦力，种植甘蔗，提炼蔗糖。

伴随着甘蔗林如雨后春笋般在海洋中的一座座岛屿上涌现，人们的甜食嗜好得到了满足，可是那些岛屿却遭了殃。甘蔗对保持水土毫无能力，只种植甘蔗的后果是：岛屿自然环境被破坏，岛屿上的经济严重依赖蔗糖这种单一的产品。即使岛民们赶跑了欧洲殖民者做了主人，岛屿经济却无法转型，只能继续种甘蔗。这样的情形出现在牙买加、海地、古巴、爪哇、菲律宾等地，这些岛屿国家并没有因为蔗糖业致富，反而纷纷位列最贫穷的国家之列。人们称呼甘蔗林带来的灾难为“甘蔗林魔咒”。

原本 17 世纪荷兰殖民者占据了台湾岛后，发现这里的环境非常适合甘蔗的种植，而且蔗糖在当时的欧洲和亚洲都可以卖出高价。自古就有经济头脑的荷兰殖民者顺理成章地把甘蔗引进到了台湾岛，并计划着砍伐森林，建设甘蔗园。如果台湾岛也踏上甘蔗种植的这条道路，那么它的未来命运也许就和前面提到的那些热带岛屿一样悲惨了。

就在这时，郑成功登上了台湾岛。赶跑了荷兰人之后，郑成功对利用蔗糖发家致富不感兴趣，他又不差钱，差的是粮食，种庄稼才是他的正经事。就这样，荷兰人的甘蔗园计划由于郑成功的攻台而流产了。可惜郑成功打下台湾不久后就暴病身亡，没有实现自己击败清朝的夙愿，但他却不经意间把台湾岛从“甘蔗林魔咒”的阴暗道路上拉了回来，让台湾岛躲过了一劫。

正所谓“富不过三代”，郑氏海上贸易集团在两届 CEO“离任”之后，继任者缺乏魄力和能力把海洋－商业经济路线发扬光大。而对手大清王朝完全控制了大陆之后，不惜采取坚壁清野的迁海政策，强迫沿海居民向内陆迁居，并摧毁了沿海的房屋建筑，目的就是打击郑氏海盗的“钱袋子”——走私贸易。这一招很见效，郑氏海盗无法获得大陆的商品，经济每况愈下，到后来甚至无力支付部队的军饷。1683年，清朝终于从郑家手中接管了台湾岛，古代中国海上贸易文明的萌芽就这样枯萎了。

战争结束，发展经济的时期到来了。对于清朝来说，台湾岛生产的蔗糖同样甜美诱人，男女老幼都喜欢，并能给国家带来大量的财富。那么，清朝是否会重启荷兰人没有实现的甘蔗园计划呢？

没有。郑成功利用海上力量抗衡清朝，给清朝留下了太深刻的教训，这帮海盗太难对付了。因此要治理台湾岛，大清王朝首先想到的不是发展台湾岛的经济，而是考虑如何不让该岛再次成为反清的据点。如果在台湾岛大量种植甘蔗，台湾岛就会积累起巨大的财富，台湾经济将在全国一枝独秀，在整个大清王朝中的分量会举足轻重。一旦当地人造反，清朝又将面对另一个郑成功的挑战。

宁可贫穷，也不能冒着丢掉权力宝座的风险，这就是清朝治理台湾经济的基本原则。具体到经济布局上，就是以种植稻米为主，限制甘蔗的种植面积。清朝最终还是允许当地少量种植一些甘蔗，毕竟糖的诱惑实在太大了。而且，台湾岛民不能摧毁太多的森林，因为清朝统治者脑子里的观念是，把森林保护好，然后让台湾土著居民保持原有的生活方式，他们就不会有反叛的意图和实力了。

就这样，在整个清朝时期，甘蔗从未成为台湾岛上的主要经济作物。

清朝末年，台湾岛又被另一个侵略者——日本人占据了。日本人十分垂涎蔗糖种植业的高利润，本国岛屿却过于靠北方，气候不适宜，得到了宝岛台湾后，他们开始了新一轮的台湾甘蔗园计划。然而很快，日本国内由于人多地少，出现了稻米不足的情况，日本不得已让台湾岛延续了清朝时期的经济布局，依旧以种植稻米为主，甘蔗次之，生产出的粮食补给日本国内的需要。甘蔗园计划第三次流产了。

历史上的阴差阳错就是如此奇妙，今天的台湾同那些曾经种植甘蔗的热带岛屿迥然不同，它环境优美，经济繁荣，宝岛台湾能有今天，郑成功功不可没。

第十二篇

白银让明朝不明不白地死去

青花瓷是古玩收藏家们趋之若鹜的珍品，要是有一船的青花瓷出现在公众面前，恐怕所有人都会为之疯狂起来。2007年，在广东汕头南澳地区，发现了后来被命名为“南澳一号”的明代沉船，上面装载了大量的青花瓷盘、碗、钵、杯及釉陶罐。2010年水下考古挖掘工作启动，很快打捞上来数以千计的物品，其中有许多质量上乘的瓷器。

但令我们最意外的，并不是沉船上的青花瓷，而是发现了铜炮、铜铳等武器，以及铜钱和铜板等钱币。远洋船只上配备武器，这并不奇怪，海外华商也好，郑氏海盗也罢，为了维护自己的贸易安全，必然会加强防务。但那些铜钱、铜板是做什么用的呢？

一枚铜钱引发的走私大案

这不是一艘普通的商船，而是一艘明朝的走私船，那些铜钱是私自出口国外的钱币！

走私铜钱？听说过走私金银珠宝、珍禽异兽，这艘船怎么会走私不起眼的铜钱呢？从经济学的角度看，铜钱走私出口，一方面是明朝政府禁止铜钱出口，才会有人走私犯禁；另一方面铜钱在海外各国的购买力要高于明朝国内，否则走私出去也会无利可图。

那么，明朝为何要禁止铜钱出口呢？

其实说到“禁铜令”，从宋朝就已经开始了，当时规定禁止把铜料运送到国外。这主要原因是因为中国铸造钱币的需要。中国古代黄金、白银奇缺，本国又少有金银矿，所以用于铸造货币的金属主要是铜，有时候甚至拿容易锈蚀的铁来充数。

随着经济的发展，社会需要更多的货币参与流通，否则就会造成经济学所说的通货紧缩，交易受到限制，经济规模难以扩大。所以中国古代各朝都非常重视铜钱的铸造，并不时向市场上投放新铸造的铜钱，满足经济的需要。铸造铜钱就需要铜料，同宋朝以来中国繁荣的古代经济相比，中国境内的铜矿显然不算充裕，于是各朝各代都很珍视铜料，按照现代的话语，铜料关系到古代中国的金融稳定。所以，从宋朝开始一直到明清，中国多次颁布禁铜令，为的就是铸币需要。

然而这就出现了一个问题：既然古代中国对铜料很需要，需求带来高额利益，走私船队应该从海外各国采购铜料运输到中国，满足这种需要，以此牟利，才符合经济规律。怎么走私船队反而向海外走私铜料和铜钱呢？

答案是：海外各国更需要中国的铜料和铜钱！

大航海家郑和手下的翻译曾经写过一本《瀛涯胜览》，里面谈道：“爪哇国通用中国历代铜钱，旧港国亦使用中国铜钱，锡兰国尤喜中国铜钱，每将珠宝换易。”其中爪哇国、旧港国位于今天的东南亚，锡兰国就是今天南亚的斯里兰卡，即郑和船队与锡兰山国之间爆发锡兰山之役的岛屿。这段记载说明，当时中国的铜钱在海外许多国家大量流通。

在当时的东南亚和南亚地区有许多大大小小的国家，它们在开展国内和国际贸易的时候，迫切需要一种具有信用的货币，能够顺利与别国做贸易。假如自己铸币，需要掌控铜矿，或者至少有稳定的铜料来源；还需要有足够好的铸造技术。这些技术对于许多小国家来说，要求太高了。此外，铸币时还不能以劣质材料冒充好材料，破坏货币的信用。

打铁锤要硬，炼钢火要猛；没有金刚钻，别揽瓷器活。这些小国自己没办法铸币，如何解决货币问题呢？当然是拿来主义了，从信用好的国家直接进口货币！

来自大明帝国的铜钱满足了这些海外诸国的货币需要。明朝铸造的铜钱质量上乘，而且国家长期强盛，货币的信用有保障，对于海外的一些小国家来说，自己铸币还不如直接从明朝输入铜钱，作为本国流通货币来得容易。而对于一些大的国家，比如当时东亚的日本和东南亚的越南，它们一方面输入了许多明朝铜钱，另一方面本国技术和铜料也有保障，所以曾经大批仿铸明朝的铜钱，和明朝的铜钱一道在市面上流通，供本国商贸人士使用。

国外考古也证实了当时明朝铜钱作为世界货币的地位。比如日本考古学家曾经对日本48处挖掘出铜钱的遗址进行分析，发现的55万枚铜钱几乎都是来自中国。环南中国海和环印度洋周边的一些国家和地区，例如从泰国、马来西亚、斯里兰卡、印度，到阿曼、伊朗、肯尼亚、坦桑尼亚，都曾经出土过明朝的永乐通宝铜钱。

明朝前期，国内货币量远远跟不上经济发展的脚步，需要获得大量的铜钱乃至黄金、白银，但海外诸国对明朝铜钱的需求更加饥渴，这从铜钱与白银的比价上就可以看出来。比如明朝中期，在中国境内，1 两白银可换 700 ～ 800 文铜钱，而当时在日本 1 两白银只能换约 250 文铜钱，铜钱的购买力显然比明朝强。数倍的利润足以驱使一些人走私铜钱和铜料出国，到国外把铜钱留下，采购一批货物回到明朝卖掉，换成铜钱再出海。甚至更简单一些，拿着铜钱到国外去，兑换成白银，然后拿着白银回国，兑换回更多的铜钱，再带着这批铜钱出国……

这种手法与今天世界上的炒汇非常类似。比如，当投机家们发现人民币相对于美元被低估的时候，他们就会大量地把手中的美元兑换成人民币，等待人民币升值，回归它应该具有的价值，然后再换回美元，手中的美元就增加了。今天西装革履在华尔街出入的投资家们其实并没有多么高级的智慧，他们现在所使用的招法，几百年前明朝的走私商人们就已经玩得很熟练了。

猖獗的明朝走私炒汇活动会有什么后果呢？明朝境内的铜钱大量减少，大量小额交易难以进行，而明朝的自耕农们的经济活动基本上都是小额交易，他们要用生产的粮食换铜钱，然后再用铜钱换其他生活用品。物以稀为贵，作为货币的铜钱少了，铜钱相对于其他商品（包括粮食）的价格就提高了，所以自耕农们用相同数量的粮食换来的铜钱就变少了，这就叫做通货紧缩。

对于经常处于温饱线的自耕农来说，收入减少就意味着家庭要陷入困境。这是自耕农们不能承受的，也是大明帝国的统治者不愿看到，更不愿容忍的。所以，官兵与海盗的捉迷藏游戏就不断地在大海上重演。

铜钱缺，白银也缺。中国的邻国中，日本出产白银，明朝的许多商品比如瓷器还深受当时的日本人喜爱。如果明朝能够和日本互利互惠，拿瓷器换白银，还是可以解决钱荒问题的。可惜明朝时期，中日关系非常糟糕，前有日本武士组成的海盗武装袭扰中国海岸，引发了明朝的抗倭战争；后有抗日援朝，明朝出兵帮助朝鲜抵挡日本丰臣秀吉的入侵军。这两国的关系一直如富士山上的积雪一般冰冷。区区一点点走私流入明朝的白银，根本就是杯水车薪，不解决问题。

美洲白银砸中大明的头

就在明朝为了钱而焦头烂额的时候，海岸线突然出现了一些金发碧眼的洋人，他们的手里居然拿着白花花的银子！这真是大明王朝的福音啊！

这帮洋人是葡萄牙人和西班牙人，他们手中的白银也不是自己那狭小的国土上出产的。那么，他们从哪里搞到了大明王朝垂涎的白银呢？

新大陆！自从1492年哥伦布发现美洲大陆起，西班牙人和葡萄牙人逐渐征服了美洲的印第安人，并开始掠夺那里的财富。这群伊比利亚半岛上的征服者的首要目标是金子。

这里我们要交代一下，当时在欧洲通行的货币，与大明王朝境内的货币略有不同。欧洲大额交易使用金币，而小额交易使用银币，这是因为许多欧洲国家都依托漫长的海岸线开展国际大宗贸易，所以欧洲对黄金的需求很大，对白银的需求则没有那么迫切，因为当时的欧洲，自耕农在人口中所占的比例，不如大明王朝自耕农的比例庞大，因此用白银做交易的活动也少了许多。

哥伦布如此执着地向西航行，正是希望能找到欧洲人向往的一块黄金产地，只是他发现的一些中美洲岛屿上并不出产黄金，哥伦布因此受到了资助其航行的西班牙王室的冷落，郁郁而死。不过当西班牙人、葡萄牙人深入美洲大陆后，终于发现并控制了大量的金矿。两个国家立刻富甲欧洲，甚至连当时欧洲的精神主宰罗马教廷都受到两国的操控。

好事还在后面。当西班牙人和葡萄牙人航行到东亚，他们惊讶地发现，东方的大明王朝对白银有着巨大的需求，而那里出产的精美陶瓷、丝绸，都是欧洲人的最爱。这下美洲的银矿也派上了用场，一条跨越几个大洋的国际贸易航线出现了，那就是欧洲人从美洲开采并冶炼出白银，然后带着白银跨越大西洋、印度洋和太平洋，到东亚购买大明王朝的陶瓷和丝绸。

大明王朝境内莫名其妙地涌现出大量的白银，真是久旱逢甘露，在美洲白银的刺激下，明朝的经济迅速繁荣起来，尤其是陶瓷制造业和丝绸纺织业，因为这两个行业不仅满足本国人的需要，还大量出口海外，直接换回来白花花的银子。明朝中后期，中国南方涌现出许多繁荣的大城市，比如今天的南京、苏州、松江、宁波、漳州、广州等地，在白银的强烈刺激下，当地的手工业者们赚了大钱，然后他们又改进技术，提高专业水平，扩大生产规模，生产更优质的陶瓷和丝绸供出口，换回更多的白银。

不期而至的繁荣让北京城里的皇帝龙颜大悦，也让明朝的税务官员们松了一口气。在永乐年间，由于北方连年主动御敌，南方郑和连下西洋，明朝财政压力很大，基本上民间能交什么，官府就收什么，铜钱、白银和粮食一概全收。不过当时闹钱荒，所以能收上来的往往就是粮食。粮食虽然是天字第一号战略物资，但毕竟储存、调运十分不便，损耗也多，因此当时明朝的财政往往捉襟见肘。

等到美洲白银滚滚而来，大明王朝的财政终于有了振作的机遇。明万历九年（1581 年），在首辅张居正的主持下，施行新政“一条鞭法”，把各州县的田赋、徭役以及其他杂征总为一条，合并征收银两，按亩折算缴纳。即民众每年只交一次税，而且只上交货币就可以了，货币当然主要是白银。

新的税收政策手续简单，而且也很经济，当然前提是，老百姓手中得有白银上缴，或者有能兑换足够白银的物品。美洲白银进入明朝的市场，白银增多了，白银就变得不值钱了，因此同样一两白银能兑换的其他商品就减少了。这其实是一种通货膨胀。对于大量生产粮食的自耕农来说，他们的粮食能兑换的白银增加了，这对他们来说是一个好消息。

看白银潮来，看白银潮去

大明王朝从皇帝到官员，从商人到农民，都过了一段幸福的日子。可惜，幸福的时光总是那么的短暂。

1570 年，金发碧眼的西班牙人攻入了吕宋岛，也就是今天的菲律宾境内。菲律宾逐渐沦为西班牙人的殖民地。最开始，西班牙与大明王朝的关系还不错，因为他们有共同的敌人——盘踞在吕宋岛上的福建海盗。福建巡抚曾经联手西班牙人，共同围剿了那批海盗，作为回报，大明王朝允许西班牙人与中国人做生意，当然了，西班牙人手里白花花的银子本来就是明朝所需要的，正所谓见钱眼开。

16 世纪 70 年代，每年驶往吕宋岛重镇马尼拉的中国商船约有十几艘，到了 80 年代，每年约有 20 艘，90 年代增加到每年 30 艘，17 世纪初更是达到了每年四五十艘，最多达 60 艘。中国商人把能够想到的商品都运到了马尼拉，生丝、棉布、麻织品、瓷器、铁、铜、锡、铅、糖、面粉，东南亚其他岛屿出产的胡椒、肉桂、丁香，甚至牛马骡驴鸡鸭鹅也都跨海运了过去。这些商品除了供当地人消费外，西班牙人把大量的中国丝绸、陶瓷装上大帆船，横跨太平洋，运送到美洲的墨西哥出售，那里当时也属于西班牙的殖民地。这就是当时世界贸易中赫赫有名的“大帆船贸易”。通过这条海路，中国人获得了美洲白银，而西班牙殖民者获得了中国商品。

不想此后，两国的外交关系急转直下。西班牙人曾派了一批传教士到达福州，提出通商和传教的要求。对于明朝的地方官来说，通商睁一只眼、闭一只眼还勉强可以，传教？那是什么玩意？

天朝上国毫不客气地拒绝了“佛朗机”的古怪要求。佛朗机这个称呼原本是阿拉伯人对欧洲基督徒们的叫法，后来葡萄牙人抵达东方后，古代中国人也照方抓药，如此称呼葡萄牙人。后来西班牙人也来了，中国人根本分不清这两种牙到底有什么区别，往往都用佛朗机这个名字指代他们，其实西班牙人和葡萄牙人为了抢夺贸易权经常大打出手，根本就不是一路牙。

两国关系开始出现裂痕。由于大量的中国商人前往吕宋岛做生意，人数远远超过了西班牙殖民者，这进一步引发了西班牙人的担忧。

1603 年，吕宋岛上突然出现了三名明朝官员，按照官方说法，他们是来寻找被中国海盗藏匿的财宝充公的，顺便也勘探一下吕宋岛上是否有传说中的金山和银山。在明朝皇帝看来，这是很正常的调查活动，但是在西班牙殖民者看来，却是危险来临的信号。

“这三个人莫非是联络当地华人里应外合的先遣队，随后明朝大军就会杀过来？”

那一年的 10 月初，西班牙殖民者决定先下手为强，在当地土著和一批日本雇佣军的支援下，对当地华人展开大屠杀。2 万多华人在大屠杀中遇难。这次事件严重影响了大帆船贸易，对于明朝来说，意味着白银的输入减少了。

此后，虽然贸易又有所恢复，但1639年，旅居马尼拉的中国商人为了反抗重税而与西班牙殖民者再起冲突，结果再次遭到了大屠杀。到这个时候，白银输入一度中断了。

百万两银子逼死崇祯帝

钱荒再次降临到大明王朝的头上，比起明初的钱荒，这一次更加致命。一方面是因为当时明朝正在与东北崛起的后金殊死搏杀，急需大量的军费；另一方面是税收依然沿袭了万历年间施行的一条鞭法，让民众用货币纳税。可是原本白银滚滚而来的温和通货膨胀局面已经改变了，现在是白银输入大幅度减少，国内出现严重的通货紧缩的局面，再施行一条鞭法就酿成了大祸。

前面已经谈到，明朝的自耕农生产的是粮食，他们往往把粮食兑换为铜钱，用铜钱来纳税，官府则把铜钱折算为相应数目的白银。在吕宋岛的白银供应锐减后，明朝境内的铜钱对白银的比率也剧烈波动起来。1630年一贯铜钱可以兑换0.57两白银，到了1640年，一贯铜钱就只能换0.28两白银。

而且，铜银比率在全国各地也不一样。在白银直接输入的沿海地区，白银量大，一两白银兑换的铜钱数量相对较少。但是对于大明王朝的西北地区，白银要流通到那里，得翻越千山万水，那里的一两白银能兑换的铜钱相对较多。当白银输入锐减后，全国普遍缺少白银，而西北地区尤其严重，农民手中的相同量的粮食兑换铜钱，再折合出的白银量下降很快，而官府还按照过去的纳税额来催缴税费，甚至还因战事需要而增加民众的纳税额，民众立刻苦不堪言。

一个叫李自成的米脂农民点燃了西北的火药桶，农民起义的熊熊大火烧毁了风雨飘摇中的大明王朝。看看李自成造反前后的一些遭遇，我们就更清楚地理解，白银锐减带来了多么严重的后果。

李自成早年是驿站的一名公务员，1628 年崇祯皇帝为了削减政府开支，裁减了全国三分之一的驿站，很不幸，李自成在这次政府的减员增效行动中下岗了，这可算是政府缺银子惹的祸。李自成是个有为青年，不能就这么闲待着，于是离家从军，很快崭露头角，当上了把总。没想到军队里居然也会欠饷，他和许多士兵长期领不到生活费，还是缺银子给闹的。为了生计，李自成率众杀了军官，发动兵变，并投靠了另外一支农民军。

当时明朝尚有余力对付这些农民军，在多次围剿之下，李自成的武装几经沉浮，数次濒临绝境。但民间大量的自耕农已经破产了，他们不仅没有铜钱和白银交给官府，甚至有些地区发生了灾害，民众生存都成了问题。这些破产的农民成了李自成无限的兵源和强大的后盾，李自成的残部逃入河南后，竟然东山再起，在短时间内集结了百万部卒。后面的局势就众所周知了，李闯王一路闯关，最后攻进北京城，崇祯皇帝在煤山自缢而死，大明王朝就这样结束了。

明朝亡了，关于白银的事儿却还是不明不白的。一些当时的人后来说，李自成从崇祯皇帝的小金库也就是内库中搜出了 3700 多万两白银，另有说法是这么多的白银单位不是两，而是锭，每锭 50 两。关于这笔白银最大数目的说法是每锭 500 两，这简直是一个天文数字！这些记载成为后人批评崇祯皇帝的证据，说他整天向着大臣们哭穷，让大臣们搜刮民脂民膏，而自己却积攒了大量的财富一毛不拔。甚至在李自成就要打到北京，崇祯准备调山海关的吴三桂部队救驾，需要 100 万两军费时，也不肯自掏腰包，而是希望大臣们集资，结果没有筹集到军费，致使北京城防空虚。果真如此的话，崇祯的确死不足惜，不值得同情。

但这些野史的记述并不足为信，那些记述人基本上都是道听途说，有些是根据李自成撤离北京时运送的大批金银的数量来推断的。实际上，这些金银基本上是李自成纵容部下从明朝官员家中搜刮来的，并非崇祯的私房钱。而且崇祯并不是傻瓜，他固然犯下过杀死明末栋梁袁崇焕的错事，那也是因为袁崇焕飞扬跋扈，犯下杀死辽东明将的过错，事出有因。

在兵临城下的关头，只要手头还有银子，任何一个有基本常识的人做皇帝，都会拿出来犒劳三军，鼓舞士气以御敌。崇祯也不会例外，他是真的没钱了。在明朝寿终正寝的那一年，拖欠的军饷累积起来，已经高达几百万两银子，而当时能从南方运来的税款，只有区区几万两。崇祯绝不是一个吝啬的皇帝，他执政期间励精图治，连生病了都不敢随便休假。可惜，他管得了大明王朝境内的事情，却管不了世界经济局势。美洲白银无法输入中国，他也没有办法，只能望洋兴叹，坐看着东南经济发达地区因通货紧缩和产品滞销而衰落，西北地区因交不起税款而暴动，东北地区后金铁骑厉兵秣马、频频叩关。

崇祯临死前，痛心疾首地说自己是个好皇帝，但手下的大臣却不是好大臣。其实，他还该怪罪西班牙人，怪罪白银。

第十三篇

谁偷了康乾盛世的馒头

大明朝走了，大清朝来了。白银来了又走，走了又来。

什么康乾盛世，那都是浮云

从17世纪晚期到18世纪末，中国迎来了古代最后一个盛世——康乾盛世，康熙、雍正、乾隆祖孙三代不仅维护了万里河山的稳定，还使国家出现了欣欣向荣的局面。

康乾盛世，人口增长极为迅速。康熙六十一年，全国人口突破了1亿，恢复到了宋朝时的人口高峰值；50年后，人口总数竟然飙升到3亿。我们在第一篇中已经谈到，明末清初从美洲大陆引进的玉米、土豆、花生、辣椒在中国得到了广泛的种植，这些高产、耐旱的农作物大幅度增加了农业种植面积，也养活了更多的人口。这是出现康乾盛世的最重要原因。

曾经让明朝既爱又恨的白银，是康乾盛世的另一个助推器，在明末中断的白银输入，在清初又重新开始输入了，康熙、雍正和乾隆赶上了一个世界贸易繁荣的好时代。其实清朝初年，这些靠骑马和射箭起家的统治者并不了解海洋的经济意义，为了打击盘踞海洋上的郑成功等明朝残部，实行了海禁。不过中国优质的丝绸、陶瓷还是经由民间走私而畅销海外。到了康熙二十三年，沿海战事平息，海禁得以开放，准许沿海的民众用五百石以上船只出洋贸易。

此时，昔日强横的海洋霸主西班牙已经衰落了，而新兴的海洋强国英国还没有积累起称霸世界的实力，宽松的国际环境使得清朝的海外贸易出奇的顺利。比如景德镇的出口瓷器不仅重新占领了明朝时期就占有的日本、东南亚市场，还远销美洲、非洲、大洋洲。清朝的瓷器在欧洲市场上也占据了相当大的份额，比如乾隆时期，仅荷兰东印度公司一家每年运送到欧洲的中国瓷器就多达 300 万件。

整个 18 世纪，洋人们将整船整船的银圆运到广州等东南沿海的通商口岸，购买品质上乘的绸缎、生丝、瓷器、茶叶等中国产品后，启程返航，赚取暴利。广州口岸各国商船连成一片，遮蔽了海面，货物则堆积如山。

参照明朝与白银的关系，我们就可以看出白银对清初康乾盛世的贡献。白银稳定地流入，提供了足够的货币，满足了经济增长的需要。同时，白银不断地轻微贬值，自耕农手中的粮食就可以折算成更多的白银，他们纳税的压力就不那么大了。

白银就像是润滑剂一样，让大清王朝的经济车轮平稳地滚滚向前，在国外对中国商品强烈需求的刺激下，清朝的制造业蓬勃发展。还是拿景德镇为例，不仅有官窑，还有大量的民窑，整个城镇终年烟火连天，在这里工作的工匠数以万计。

古老中国的能工巧匠们用他们的智慧和汗水，让中国精美的瓷器风靡欧洲大陆，在 18 世纪的欧洲掀起了狂热的中国瓷器收藏热。这股收藏热的热度有多高？问问奥古斯都二世就知道了。这个人是萨克森选帝侯，也就是有选举神圣罗马帝国皇帝资格的人，而且兼任波兰国王，地位显赫。他极度痴迷中国的瓷器，拥有 20 个房间的瓷器收藏品。根据 1720 年的统计，他的个人收藏总量多达 5.7 万件。

有一次，他得知普鲁士国王腓特烈一世手中有不少高质量中国瓷器时，竟然开出了一个惊人的价码，用 600 名全副武装的萨克森龙骑兵，交换腓特烈一世手中的 127 件中国瓷器！

用骑兵换中国瓷器，连奥古斯都二世自己都觉得太疯狂了。他曾经写信给自己的首相，说自己陷入了“对中国瓷器的狂热追求”中，“正毫无节制、不谙世事地购买和收藏”。

无独有偶，当时许多欧洲显贵都对中国瓷器趋之若鹜，其中还包括法国国王路易十四。这股当年的中国瓷器热说明，当时中国瓷器的制造技术领先全球，中国瓷器在绘画、器形方面美轮美奂，中国的陶瓷文化曾经征服欧洲。

从清初一直到 18 世纪末期，中国制造业的生产总值远远超过了世界上的任何一个国家，即使是当时欧洲最强大的英国，制造业的产值也只相当于中国的八分之一。当时清朝的国民生产总值占到了世界总和的将近三分之一，大体相当于今天美国在世界上的经济地位。

然而，康乾盛世几乎是毫无征兆地就停止了。1795 年，乾隆皇帝把自己的龙椅让给了自己的儿子嘉庆坐。乾隆刚一归西，嘉庆就一举歼灭了和珅这个大贪污犯，抄没和珅家产折合白银竟达 10 亿两之多，相当于当时清政府 20 年的财政收入！有人戏称乾隆当政期间之所以不拿下和珅这个大贪污犯，就是为了给自己的儿子留一份厚礼。

按说嘉庆应该不缺钱花了，然而国内形势急转直下，各地不断爆发民众起义，让嘉庆忙得焦头烂额。嘉庆元年刚登基，白莲教就在四川、湖北、陕西一带起事，起义持续了九年，波及五省。嘉庆十八年，天理教起义更是惊心动魄，教众一度攻入了皇宫，在城楼上插了反旗，当时皇子们都不得不在养心殿戎装迎战，还有闽浙海盗、苗民起义、云南夷变……

嘉庆在位期间，基本上是在平息各地起义中度过的，且不说民变地区的经济遭到了破坏，无法交纳税款，单是军费开支，就是天文数字，所以嘉庆纵然刚继位的时候不穷，到后来也穷得叮当响了。根据统计，嘉庆元年国库里的存银还有5000多万两，八年之后就锐减到不足2000万两，各地方政府也大量出现赤字。嘉庆不得已，大力提倡勤俭持家，严禁地方官进京的时候劳民伤财地进献宝物。嘉庆自己过生日的时候，也提前通知地方官们，送一些字画就行了，珠宝玉器之类还是算了，那玩意儿采购太花钱。

盛世危局：从马可波罗到马嘎尔尼

为什么盛世一到嘉庆皇帝这里就变成了一副破败的景象？是嘉庆皇帝能力远不及康熙、雍正和乾隆吗？非也非也。嘉庆皇帝的遭遇有点儿类似于明朝的崇祯皇帝，王朝的衰落其实并不是从他们这里开始的，在他们的前任那里，国家已经积重难返，日薄西山了。

就在乾隆还执政的时候，普通自耕农的生活水平已经大大下降了。清朝自己的官方报道当然不会自爆家丑，尤其乾隆还是个好大喜功、特别爱面子的皇帝。幸好当时英国派到清朝的特使马嘎尔尼在来访期间，记录了大清王朝民间的点滴生活，让我们对所谓的康乾盛世有更深入的了解。

一踏上大清国的土地，触目惊心的遍地贫困，让马嘎尔尼使团的眼镜碎了一地。在他们的心目中，中国应该是马可波罗笔下的那个国度，遍地金银，普通人都穿着绫罗绸缎，有宏伟的城市和美丽的乡村，眼前的一幕和心理期望值的反差实在太大了。

使团成员约翰·巴罗记述说："不管是在舟山还是在溯白河而上去京城的三天里，没有看到任何人民丰衣足食、农村富饶繁荣的证明……除了村庄周围，难得有树，且形状丑陋。房屋通常都是泥墙平房，茅草盖顶。偶尔有一幢独立的小楼，但是决无一幢像绅士的府第，或者称得上舒适的农舍……不管是房屋还是河道，都不能跟雷德里夫和瓦平（英国泰晤士河边的两个城镇）相提并论。事实上，触目所及无非是贫困落后的景象。"

面对洋人，清朝的官员们还是颇有礼数的，他们雇佣了许多老百姓来到英国使团的船上，给英国人端茶倒水，扫地做饭。善于观察的英国人又发现了问题，这些老百姓都太消瘦了，显然是营养不良，在他们中间，"很难找到类似英国公民的啤酒大肚或英国农夫喜气洋洋的脸"。每次英国人用餐完毕，把残羹剩饭留给中国老百姓打扫时，他们都要千恩万谢。英国人泡过的茶叶，也遭到了这些老百姓贪婪的哄抢，抢到的人会继续煮水泡这些剩茶叶喝。不要说老百姓衣衫褴褛，就是军队的普通士兵也穿得破破烂烂。

中国不是一个生产瓷器、丝绸和茶叶的国度吗？为什么身处商品产地的普通民众却没有能力消费这些物品呢？

旁观者清，被誉为经济学之父的英国经济学家亚当·斯密就观察到了一个现象，他在论著中写道：

"中国历来就是世界上一个顶富裕，也是一个最肥沃、耕耘最得法、最勤奋而人口众多的国家。可是看来她长久以来已处在停滞状态。马可波罗在500多年前游历该国，盛称其耕种、勤劳与人口众多的情形，和今日旅行该国者所说几乎一模一样。可能远在当日之前，这国家的法律与组织系统容许她聚集财富的最高程度业已到达。”

在断言古代中国经济发展已达极限后，亚当·斯密又发现，至少从他那个时代上溯600年，中国的农具并没有什么革新，这的确是个发人深思的现象，说明古代中国社会的知识和技术创新即使存在，也不能用于底层的自耕农。

结合清朝前期的征税制度，我们也许能揭开清朝普通民众为何贫困的谜团。康熙早年政局动荡，他先是扳倒了权臣鳌拜，然后又西灭准噶尔，南平三藩叛乱，北拒沙皇俄国，东南收了台湾，这一圈折腾下来，到了康熙五十一年，他才有空整顿全国的税收制度。这一年，他把按照人头征收银两的数额固定下来，并宣布“盛世滋生人丁，永不加赋”。

我们当然不能真的相信清朝统治者“永不加赋”的承诺，不过康熙的这个举动，表明长久的和平已经降临到大清王朝，到了让民众安居乐业、依法纳税的时候了。我们可以很容易地推断出来，康熙年间，清政府绝对不富裕，光是连年的征战，就已经让财政勉为其难了。那个时期中国的老百姓日子也不会好到哪里去。而且，地方官也更倾向于瞒报人口，少报人数，这样就可以截留许多税收到地方官员的腰包，上交税款的压力就减轻了。这是让皇上很头疼的一件事。

雍正年间，情况有所好转。雍正皇帝一上台，就改革了税收制度，把按照人头征税的方式变成了按照田地征收的方式。跑得了和尚跑不了庙，人口可以隐瞒，但田地就光天化日地摆在那里，不好糊弄过关的。这个税收的变化让百姓和地方官都不必隐瞒人口数量了，国家的税收总量也容易控制了。

在这个“摊丁入亩”的税收制度刺激下，清初的人口数量开始急剧增加。想想看，反正朝廷是按照田地的面积征收税款的，那么只要精耕细作，提高的亩产很大一部分就成为自耕农的收入增加值了，而家中劳动力多了，对田地的打理就更加精细。这样一来，即使是过去的农业区，人口也不断在增加，更不用说新开垦的耕地了。

然而，人口却是双刃剑，清朝虽然所辖地域广阔，但人口数量的增加总归比耕地面积的增加要快，到了康乾盛世的乾隆皇帝时期，耕地的增加已经十分有限了，而人口却还是不断增加。因为要精耕有限的农田，所以需要更多的劳动力；吃饭的人多了，平均到家庭中每个人头上的口粮变少了。自耕农的家庭经济陷入了恶性循环之中，越来越多的底层人口陷入了绝对贫困化。

即使清朝的统治者都能遵守康熙定下的永不加赋的承诺，占全国人口数量十分之九的广大自耕农的生活质量还是不断下滑。何况清朝贵族经过清初的繁衍，已经形成了一个庞大的阶层，这个阶层是享受国家俸禄而不需要劳作的，这个阶层数量越多，清朝的财政压力就越大，底层民众受到的盘剥也就越大。一些民众不堪穷苦和压迫，开始铤而走险，在湖北、四川、陕西交界的深山老林里，出现了大量的无业游民，他们聚集在白莲教的大旗下，揭竿而起，敲响了康乾盛世的丧钟。

有没有什么办法，可以制止这种糟糕局面的出现呢？亚当·斯密其实给出了一招，那就是科技进步。农具如果能得到改进，会让农民的生产效率大大提高，不仅提高单位亩产，还能让他们有余力做其他的生意。

然而要有改进农具的动力，前提是出现拥有大量耕地的庄园主，为了高效地耕种自己的广阔土地，他希望发明和使用更有效率的农具。可是清初的情况并非如此，当时每个自耕农拥有的土地面积都不大，而且在税收制度的刺激下，家庭人丁不断增加，于是不大的土地再次被分割成更小的面积，来养活更多的人口。土地的面积越小，农民就越没有动力去使用高效率的农具，因为那些农具的成本是单个小农无法承受的。如果人人都只有一亩三分地，就没人有动力去买大型联合收割机干活了。

另一个办法是发展其他行业，吸纳大量的农民转行，缓解人口和耕地之间的恶性循环。康乾盛世时期，非农业的行业还颇有起势的苗头，江南地区在海外白银的刺激下，一部分人口转为工匠，生产、贩卖丝绸、陶瓷、茶叶的工场、商行日益兴隆，使得江南虽然人口稠密，却因此成为清朝最富庶的地区之一。

假如清朝统治者能够顺势而为，扶持弱小的工商业立足江南，走向全国，乃至冲向世界，大量农民转变为工人和商人，就像当时开始工业革命的英国那样，康乾盛世未必不能长久。但是，古代中国固有的皇权与经济的矛盾，再一次跳了出来。

清朝原本就是人数少的满族人统治人数众多的汉族人和其他民族的国家，让大量的汉族人发展工商业，拥有强大的经济实力，作为统治者的满族人会立刻感受到严重的威胁。所以，清朝统治者必然对工商业进行严格的限制，只有官办企业或与官方有着利益关系的民营企业，才有机会发展，其他民营企业基本上是随时都可能被宰杀的羔羊。

达尔文家族砸了景德镇的场子

即便如此，清朝前期的出口依然如火如荼，纵然民众很贫穷，但国家依靠出口贸易，应该还会有油水可捞。然而，大清王朝和大明王朝相比，国际环境已经发生了根本性的变化。大明王朝在末年曾经与西班牙人、葡萄牙人和荷兰人在海洋上有所接触，那时的西洋人还只是从美洲挖出一堆黄金白银的暴发户，在政治和经济上，他们并不比大明王朝先进。

但是大清王朝面对的西洋人，是在国内开启了工业革命、在国外广建殖民地的大英帝国，这个新对手比过去的那帮西洋人更强悍、更狡猾，也更有智慧。就在康乾盛世的末期，乾隆皇帝还沉浸在下江南的风花雪月中时，英国人先从制造业上打响了对华战争的第一枪。

有没有搞错啊，第一枪不是在1840年的鸦片战争打响的吗？

您的记忆没有错，但这里谈的是经济，而且经济战在残酷性上一点儿都不输于正式的战争。早在英国把鸦片贩卖到清朝之前，经济战就已经打响了，这第一仗的战场，正是古代中国的看家行业——陶瓷业。

欧洲人早就垂涎古代中国精湛的制瓷技术，但是由于地理的阻隔和技术保密，他们迟迟不得要领。16世纪意大利各地就开始仿制中国的软质瓷器，1575年～1587年间，佛罗伦萨的陶工生产出了欧洲的第一批原始瓷器，但是胎质、釉质与中国瓷器相差很大。

直到法国耶稣会传教士殷弘绪来到中国，才真正了解了中国瓷器的重要奥秘。此人18世纪初在景德镇传教多年，并受法国科学院的委托进行科技考察，特别是中国的制瓷技术。殷弘绪发现，欧洲人之前仿制中国瓷器之所以失败，是因为只知道用瓷土而没有添加高岭土。高岭土就像是瓷器的肋骨，与瓷土按照一定比例混合并烧制，才能生产出硬质瓷器。殷弘绪把这些信息通过信件传回欧洲，欧洲人才恍然大悟，开始在欧洲寻找高岭土。

而直到18世纪60年代，英国人才掌握了制造硬质陶瓷的基本方法，也才了解了制造陶瓷需要的原料是什么。当时英国消费的大量的瓷器仍然需要从中国进口，但是已经被工业武装起来的英国人奋起直追，很快就扭转了这个局面，在这个过程中，一位名叫乔赛亚·韦奇伍德的人起到了关键作用。

此人出生在英国的一个陶瓷世家，很小的时候就在陶器厂当学徒，年轻时就与人合伙，开办了陶器厂，当然那时他的产品还很粗糙，根本无法与漂洋过海而来的精美的中国陶瓷媲美。韦奇伍德为了改进陶瓷的质量，据说花费了数年的时间，进行了 1 万多次的试验，其中甘苦非常人所能想象。最后，一种工艺简单但外观新颖、质地坚实、色彩绚丽的陶瓷在他手中诞生了。据说他对产品品质有近乎苛刻的要求，在巡查自己的工厂时，如果看到不合标准的陶瓷，他会抬起手杖直接击碎次品。

韦奇伍德还是一位营销高手，他成功地将自己的新型瓷器推销给了英国王后，并逐渐占据了欧洲上流社会的市场。后世称其为英国瓷业大王，他的努力，开创了英国乃至整个欧洲陶瓷制造业的新局面。

中国人很少有人知道韦奇伍德，但他的一位外孙就广为人知了，这个外孙继承了殷实的家境，却跑去环球旅行，回家后躲在大庄园里研究科学，并写出了一部《物种起源》，提出了进化论这一学说。是的，他就是查尔斯·达尔文，韦奇伍德的外孙。半开玩笑地说，正是英国的达尔文家族抢了中国陶瓷的生意，砸了景德镇的场子。

韦奇伍德的陶瓷对于中国陶瓷业是沉重的打击，从此以后，自己家门口就生产优质陶瓷，欧洲不再需要跨越大洋购买遥远东方的陶瓷了。1783 年，韦奇伍德陶瓷厂 80% 的产品出口欧洲各国。1792 年，也就是乾隆五十七年，英国东印度公司停止购买中国瓷器。

中国陶瓷的衰败不可避免地来临了，幸好衰败的速度并不快，这主要是当时有一个新兴国家开始取代欧洲各国，成为中国陶瓷的输入大国，它就是美利坚合众国。刚刚独立的美国受到了英国的贸易封锁，急需在经济上找到突破口。

1784 年，在美国政府的支持下，商船“中国皇后”号从纽约启程，船上装满了美国人所能想到的有可能卖到中国的杂货——人参、皮革、毛衣、胡椒、棉花、铅和银圆。美国官员以为船员可能会和清朝的各级官员打交道，于是在给船员开具的美国政府的证书上，对对方的称谓从皇帝、国王，一直写到了男爵、市长、议员。两个彼此陌生的国度开始了第一次亲密接触。“中国皇后”号抵达广州后，清朝人觉得这个国家的国旗实在花里胡哨，一堆星星和线条，于是把这个国家叫做“花旗国”，把他们运来的人参称为“花旗参”。

4个月后，“中国皇后”号的货物全部卖掉，美国船员兴高采烈地采办了茶叶、瓷器、丝绸、象牙雕刻、漆器、桂皮、玉桂和绣金像等中国商品，返航回国。中国货在美国大受欢迎，美国首任总统乔治·华盛顿还开出一个清单，上面列出了自己想从“中国皇后”号上购买的中国商品。有一只绘有中国飞龙图案的茶壶，就被总统先生看中买去，珍藏起来，这把茶壶现在成为美国国家博物馆的珍藏品之一。

注意！总统是“买”茶壶，而不是让商人“上贡”。这个日后称霸全球的国度从一开始，就和清朝有着本质的不同。

美国老百姓听说中国人酷爱一种“芳香的草根”，于是怀揣发财的梦想，沿着哈得孙河两岸，漫山遍野地到处挖人参，估计一边挖，一边还嘀咕，这草根有什么好吃的，还不如牛肉有营养呢。1804～1829年，美国平均每年向中国输出人参90吨左右，当然了，许多人参换成了陶瓷之类的中国商品。

可惜的是，18世纪末到19世纪上半叶，美国的经济实力还很弱小，购买力也十分有限，美国的陶瓷购买量无法弥补中国陶瓷在欧洲市场上败退的巨大损失，即使康乾盛世末期除了陶瓷之外，清朝还可以凭借茶叶、丝绸等产品出口海外换回大量的白银，但一个重要行业的沦陷还是对国家经济造成了严重的影响。

为什么原本技艺精湛、质量精良的中国瓷器会输给英国瓷器？为什么从康乾盛世之后的200年里，中国瓷器一直没能重振雄风？

从表面上看，英国瓷器在技术上逐渐赶上了中国瓷器，甚至还有了独创的技术。比如在1794年，英国人率先发明了“骨瓷”，不但外观看上去晶莹剔透，而且抗温度变化的性能以及材质硬度都比当时市面上的瓷器好，当然也比中国瓷器要好。曾经有人做过实验，四只骨瓷咖啡杯竟然能托起一辆车。技术上的落后，让中国瓷器再也无法重夺欧洲市场。

但是，如果我们只是看到技术上的此消彼长，就不会对大英帝国在制造业上的崛起有更深刻的认识。英国的瓷器技术能够从无到有，最终把称雄世界数百年的中国瓷器技术甩在身后，这其中的推手是专利制度。

1623年，英国颁布了《垄断权条例》，这是第一部现代意义上的专利法，对发明人的权益从法律的角度上进行了保护。从此，英国民众可以放心大胆地投入智力和财力于技术创新，而不必担心自己的发明会被别人盗版。我们看大英帝国的崛起历程，往往会看到无数的发明家和他们的发明，比如瓦特的蒸汽机，他们激发的工业革命给英国打下了雄厚的经济和技术基础，最终缔造了日不落帝国。可是，如果瓦特发明的蒸汽机得不到专利保护，被他人肆意剽窃和模仿，瓦特投入研发的智力和财力血本无归，他和其他发明人还会有动力去革新技术吗？

如果没有对发明和发明人的专利保护，就不会有工业革命，就不会有大英帝国。技术落后并不可怕，只要有激发创新的制度，民众的才智就会万涓成水，最终汇流成科技之海，托起一个技术强国。英国陶瓷业的崛起，毫无疑问也得益于当时英国对技术创新的专利保护。

反观同时期的大清王朝，在制度上可谓毫无建树，草民有了一项发明，自然应该奉献给皇上，以报答皇恩浩荡，得感谢国家、感谢皇上给了自己展现才华的机会，谈回报，谈钱，太可耻了吧？技艺最高的工匠随时可能会被官府调去，给皇上制作一件祝寿瓷器，而不是让工匠把自己的聪明才智用在针对市场需求的创新上。这件作品亮相一次之后，就永远地摆在了皇宫里。也许几百年后，精美的瓷器成了炙手可热的古董，但整个国家的技术，却无可奈何地停滞不前，然后被人永远地超越。

要人命的蚕宝宝

当然了，天朝地大物博，家大业大，陶瓷业衰落了，还有其他行业的支撑，似乎也无大碍，至少清朝还有另外两个看家行业——茶业和丝绸业。遗憾的是，这两个行业也步陶瓷业的后尘，逐渐沉沦了。关于茶业，我们将在下一篇中专门介绍，在这里我们来看看清朝丝绸业是如何由盛转衰的，那是与陶瓷业不一样的悲剧故事。

从古到今，丝绸都是中国古代重要的出口产品，丝绸贸易催生了中国通往欧洲的赫赫有名的“丝绸之路”。公元200年左右，蚕丝技术传入了日本，从此日本人也开始养蚕，缫丝，加工成丝绸。此后，中国的蚕丝技术又向西传播到了阿拉伯地区、地中海地区。直到清朝的康乾盛世，中国的生丝、丝绸出口依然在世界上首屈一指。

转眼到了清朝末年，日本的养蚕业异军突起，抢占了中国丝在世界市场上的大片地盘，甚至一跃成为世界第一蚕丝产地和出口国，国力也不断增强；而中国虽然依然在生产蚕丝，但国力却日渐衰落了。

中日两国当时都生产蚕丝，一个是前辈，一个是后辈，为何后辈蓬勃发展，前辈却日落西山了呢？难道是中国的蚕丝技术技不如人，就像中国瓷器输给英国瓷器吗?

当时，中国和日本的蚕丝技术相差无几，真正的答案出乎意料：中国人不杀蚕蛹，而日本人杀蚕蛹。

从蚕茧中抽出蚕丝的工艺称为缫丝，原始的缫丝方法是把蚕茧浸泡在热盆汤中，手工抽取蚕丝，再卷绕到丝筐上。这种方式抽出的丝粗细不均，断头又多。中国的蚕丝业到清朝末年，依然使用这种简单的缫丝方法。那时欧洲人已经利用机器缫丝，能够把蚕茧加工成明亮均匀的丝线。但新式的缫丝工厂在中国一出现，就遭到了朝廷官员和手工业行会的反对，因为工厂效率高，产量大，抢夺了旧式行会的饭碗，也使民间从事土法缫丝的人日子难以为继。

而且，中国人遵从佛家和儒家的观念，对蚕宝宝的生命异常看重，因此在缫丝的过程中，尽量不杀死蚕。此时西方养蚕国家在缫丝时，会先把蚕蛹放入烘箱中，将蚕杀死，这样缫制的丝质量更高。中国人保护蚕宝宝生命的做法等于是增加了自己加工蚕丝的成本，却只生产出半成品的蚕丝。

当时中国出口的半成品蚕丝运到国外之后，还要再缫制一次，立刻能将价格提高 1/3 以上。显然，如果在中国境内就直接把蚕丝加工好，在国际市场上中国丝会更有竞争力。

可是这笔钱在清末的中国人看来，由于要以蚕宝宝的生命为代价，属于“不义之财”。从当时中国的养蚕技术看，他们不是“不能”，而是“不为”。

与中国一衣带水的日本那时也大力发展养蚕业。虽然当今日本以自己的工业品闻名世界，但其实在明治维新后一直到第二次世界大战前，日本最重要的出口品并不是工业品，而是农产品，其中丝又占了最大比重。在日本打开国门维新后的 60 年里，其进口的产品都是靠出口丝来支付的，1900 年时，光是丝这一项产品就占了日本出口额的40%。可以毫不夸张地说，日本当时能够和沙皇俄国以及大清王朝开战并屡战屡胜，其经济基础是建立在以丝为代表的发达农业上的。

日本养蚕业为何能迅猛发展？其中一个重要的因素是，虽然古代日本也是个佛教国家，但明治维新后，民众观念日益开放，并不把蚕宝宝的生命看得很重，所以烘箱、缫丝厂这样的现代事物在日本得到了迅速推广，蚕宝宝在烘箱中被无情地杀死了，但日本丝的质量越来越高，很快超越中国生产的丝，成为最受欢迎的亚洲细丝。

日本蚕不仅没能寿终正寝，它们连享受童年的权利也被剥夺了。

养蚕和种稻是当时中国、日本农业最基础的两项产业，两者都有一个共同的特点，那就是在一年中的某些时候，农家会格外的忙。比如，插秧的时候最需要人手；对于养蚕来说，蚕就要成熟的时候，一天要喂八次，而且每天要清理数次饲料盘，养蚕人基本上要寸步不离蚕的左右。刚好对于日本和中国的江南地区来说，养蚕和种稻最忙的时候都是在4月至6月，这使得农民必须为两项产业分别配备人手，要么只养蚕，要么只种稻。

科学技术的进步解决了人手不足的麻烦。人们发现，可以通过控制蚕室的温度，让蚕提早孵化，提早成熟，这样就和种稻错开了需要人手的时刻，农户们可以既养蚕，又种稻了。此外，如果给蚕施加一些化学药物，它们可以改在7月到9月间孵化，农民们可以从容地完成两项产业。

这些技术都在日本养蚕业中得到了应用，但在中国，依然受到了“道德高尚”人士的强烈阻挠。1880年至1930年，日本蚕丝的产量增长了将近9倍，蚕丝的出口为日本带来了大量的外汇，使其可以购买西方的机器设备，提升自己的生产力。反观这期间的中国，道德人士保护了蚕宝宝的“动物福利”，中国养蚕业却有日薄西山之感。

生活在当时中国的蚕宝宝真是太幸福了，由于卫道士们的大爱无疆，它们得以长寿善终。可是在当时蚕丝业已经全球化的背景下，蚕宝宝的幸福就意味着中国蚕农的不幸福，至少在经济上中国蚕农处于不利境地。市场经济的车轮碾碎了道德中的脉脉温情，最终既剥夺了中国蚕的幸福生活，也剥夺了中国蚕农的饭碗。

谁该为清末以来中国丝绸业的衰落负责？当然不是肉乎乎的蚕宝宝，而是那些满口仁义道德的家伙们，他们对上指点江山社稷，对下捍卫蚕蛹性命，在世界已经进入工业时代、法治时代和人权时代的19世纪末独立寒秋，对世界新局势视而不见，挟着道德纲常的武器，蒙着双眼犀利向前，这是怎样的一种信念？

丝绸业的银子没了，蚕农的饭碗丢了，大清国也亡了，搞砸这一切的卫道士们悻悻地洗洗睡了。诸位看官请放心，他们总有机会醒来并继续犀利的，因为历史经常在重复相同的故事。

第十四篇

鸦片战争：一个"烟鬼"和一个"茶鬼"闹翻了

我每喝一次绿茶，就像喝了毒药，肚子里翻江倒海，痛苦万分。更糟的是，我发现小姐们喝了茶以后，都衰老得非常快。主妇们忙着沏茶，连照看孩子都顾不上。不列颠男儿喝饱了茶，连举剑的气力都没有了。

至于喝茶危害经济，就更是不言而喻了，花那么多白银从那个荒唐、堕落的东方国家进口奢侈的茶叶，有百害而无一利。为什么不用这些钱去修路、建农场、果园，把农民的茅舍变成宫殿呢？

喝茶是一种恶习，不仅危害个人身体、社会经济，还有亡国的危险，想想当年的罗马帝国，商人们用银币去换中国的丝绸，女人都穿起了华贵的丝袍，男人们一天洗五六次澡，国库空了，道德败坏，军事无能，野蛮人入侵，偌大的罗马帝国瞬间分崩离析了！

是谁如此痛恨茶叶？这段话好像在哪里听过？

这是18世纪英国一位著名的慈善家兼作家乔纳斯·翰威在一本

书中的段落，此人对大英帝国拿白花花的银子去买中国茶叶十分不满，认为这是祸国殃民的蠢事。有趣的是，如果我们把这段话中的“茶”字换成“鸦片”，把“喝”改成“抽”，把“不列颠”换成“大清”，这段话活脱脱就是当年林则徐禁烟时对鸦片危害的控诉。

大英帝国和大清王朝，到底谁坑害了谁？如果我们想从经济上追溯鸦片战争的起因，就得从茶叶谈起。

大英帝国被茶叶攻陷了

17世纪初，荷兰的东印度公司最早把东方出产的茶叶带到西欧各国，从此，没见过世面的西欧人就对这种“草药汁液”着了魔，饮茶的风气首先在上层社会中传播，然后就开始蔓延到社会各个阶层。

大英帝国也抵挡不住茶香的诱惑。1699年，英国东印度公司仅一年就从中国订购了300桶上等绿茶和80桶武夷茶，因此，有学者认为英语中茶叶一词“tea”就是来源于闽南语中的茶字的读音。此后几十年，英国的茶叶进口量就以火箭速度上窜。不过在1720年之前，英国每年的茶叶进口量还在1万担以下，而且当时茶叶主要作为药品推销给公众，男性喝茶来提神醒脑，女性则用茶叶来缓解周期性偏头痛、忧郁症和焦虑症。

1720年至1800年间，英国的年平均进口量增加到2万担，茶叶的形象也摇身一变，成了一种社会时尚消费品，而且饮者以女性居多，社会上围绕着喝茶甚至形成了一些独特的礼仪。也就是在这个时期，围绕着该不该喝茶，英国人展开了激烈的争论。反对者如本篇开头谈到的乔纳斯·翰威，再比如英国卫理公会的创始人约翰·卫斯理，他声称自己曾经突然出现某种半身不遂的可怕症状，早餐后手就不停地颤抖，后来当他戒茶之后，所有的症状都消失了，因此他号召卫理公会的信众们一起戒茶。其实这位仁兄戒茶的情景，就和现在许多意志不坚定的人戒烟一样，屡次反复，戒茶期间无精打采，不久又重新开始喝茶。

卫理公会的创始人都戒不掉茶叶，普通人更是难以抗拒茶叶。1750 年前后，英国中产阶级黄油烤面包的惯常早餐中，已经少不了茶佐。伦敦城里的仆人们，早餐也已经基本上是黄油加面包，配奶茶。尽管在 1750 年前后反茶呼声高涨，但茶在英国人生活中的地位，已经不可撼动了。

1800 年至 1833 年间，英国的茶叶进口量已经飙升到年均 35000 担，茶叶在英国甚至变成了一种食品。普通大众喝的家庭浓茶中，往往添加了许多牛奶和糖，这样的混合物热量很高，普通英国人把它当作是生活中的一种必需营养品，所有的英国人都变成了“茶鬼”。

什么东西一旦成为人们生活的必需品，再想让人们戒掉它，就比登天还难了。在十八九世纪，人们对国际贸易的理解还很幼稚，认为只要本国的金银在增加，就是好的，如果本国的金银在减少，经济一定是糟糕的，这就是所谓的重商主义的思路。其实金银仅仅是货币，不能吃也不能穿，钱是用来花掉，满足人们生活需要，改善人们生活品质的，而不是用来储藏的。

重商主义的错误思路在今天也不乏拥趸，比如许多人以为只要出口比进口多，经济就是好的，而出口比进口少，经济就是糟糕的。

随着白花花的银子流出去，绿油油的茶叶流进来，大英帝国开始发毛了。如果英国国民的一种生活必需品掌握在遥远的东方国家手中，一旦没有了金银，这日子可怎么过得下去？这里我们就看到一个经济规律，在国际贸易中，双方要拿出等价值的商品互换，如果大英帝国要从中国进口更多的茶叶，它就必须对等地向中国出口更多的商品，或者直接用金银这样双方认可的货币来交换。

英国在国际上拿得出手的商品，是纺织业把羊毛加工成的毛织品，还有就是上一篇我们提到的高档瓷器。这两类商品在欧洲还有一定的竞争力，可是拿到东方的中国来卖，立刻碰得头破血流。

古代中国人本来就崇尚“道法自然”，一听说毛织品是机器生产的，总觉得有点儿别扭，况且古代中国自己的丝绸业天下无敌，英国最好的毛织品来到中国，等于是与上等的丝绸竞争，这怎么有优势呢？下等的毛织品面向普通大众，但清朝时期大量的民众男耕女织，以家庭为单位用棉花生产土布，且不论普通民众没钱购买洋人的毛织品，就是有钱买，也会觉得土布价格便宜量又足，没必要买洋货。高档瓷器就更不必说了，除了皇家瞧着新鲜买两件摆着外，清朝的富人和穷人都不会考虑买西洋的瓷器。

如果找不到合适的商品出口中国，大量地进口中国货会彻底掏空大英帝国的银库。一旦银库空了，没钱进口茶叶，英国政府就等着面对民众们愤怒的声音吧！不得已，英国乃至全欧洲的商人四处寻找能让中国人接受的商品。

他们发现，中国人对檀香木、燕窝、鱼翅甚是喜好，特别是南亚、东南亚和太平洋岛屿上生长的檀香木，在中国市场上一直是上等的好木材，用于打造高档的家具。于是他们开始在大洋上四处寻找生长了檀香木的岛屿，每发现一处，就把岛上的檀香木砍伐殆尽，装船运送到中国，交换茶叶和瓷器，以此让进出口平衡，本国白银不至于迅速流失。

许多岛屿上的树木就这样被砍光了，留下生态环境日益恶化的荒岛。如果这种情况持续下去，欧洲商人会把太平洋上所有生长檀香木的岛屿都变成蛮荒之地。就在这时，一种古怪的植物及时出手，拯救了风光旖旎、树影婆娑的太平洋岛屿。

鸦片拯救了太平洋岛屿

一谈起鸦片，中国人就火冒三丈，清朝与英国之间的两次鸦片战争是中国近代屈辱历史的开端，鸦片这个东西的罪恶，简直是罄竹难书！

其实在19世纪以前，鸦片的形象非常可爱，远不像后来那么面目狰狞。据考察，早在6000年前的新石器时代，欧洲就有人种植罂粟。既然种植，那一定是罂粟对人有某方面的价值。现在猜测，最早种罂粟的这批人很可能拿罂粟作为镇痛剂，因为当时没什么药品，食用罂粟能缓解疼痛，这样的好东西当然值得种上一垄。

到了距今3000年的时候，从罂粟中提炼出来的鸦片已经广为世人所熟知，当时的人们用鸦片来消脓肿、止头痛、治外伤。后来欧洲的纺织女工白天辛苦工作，晚上为了不被哭闹的婴儿打扰自己的休息，就给小家伙们吃点儿鸦片，让他们老实一点，这就是“宝贝不哭，妈妈给糖吃”的古代鸦片版。

直到19世纪初，鸦片依然和毒品这个名词不沾边。当时许多欧洲国家出台过禁酒令，却没有谁要求禁止鸦片。当时一些著名的作家，如歌德、司各特、雪莱、拜伦等，都享受过鸦片给身体带来的“奇妙”刺激。在许多国家的军队中，鸦片也是好东西，在枪林弹雨之中，鸦片可以有效地治疗和预防流行性痢疾，也可以让士兵们麻醉自己的精神，缓解战争带来的精神压力。除了烈酒，鸦片大概是当时士兵最欢迎的补给品了。

为什么在几千年里人们都对鸦片的危害视而不见呢？那是因为，鸦片长期以来并没有太大的危害。在古代，人们虽然已经认识到了鸦片成分麻醉神经的效果，但由于当时的加工和提炼技术很差，所以获得的鸦片中，对神经有伤害作用的生物碱含量不高，因此古代人如果不过量食用的话，并不容易上瘾。这就是为什么直到 19 世纪初，人们对烈酒的危害评价比鸦片还高的原因。

鸦片在中国的危害，也有一个从微弱到强烈的过程。明朝时东南亚各国向天朝进贡，其中就有鸦片。据说万历皇帝得到鸦片后，如获至宝，30 年不上朝，躲在后宫里抽鸦片和纵欲。鸦片在古代中国的销售渠道其实并不畅通，最开始只在药铺里销售，后来商人大肆宣扬鸦片具有壮阳的功效，这才在中国打开了局面。现在某些保健品也是打着这种旗号进行营销，其实明朝人早就会这招了。至于是不是有那个功效，谁用谁知道吧。

明末清初时期，很可能是荷兰的东印度公司创造性地发明了把鸦片和烟草混合在一起，用烟枪吸食的方法，以扩大自己贩卖的鸦片的销量。鸦片从药物和保健品，又变成了和烟草并列的消费品。其实从化学角度看，鸦片和烟草混合吸食，在一定程度上还降低了鸦片对人的伤害，至少比单独吸食鸦片在危害程度上要低得多。可是，由于烟草名声不好，于是连带着鸦片的名声也不好了。

因为消费量逐渐增大，种植烟草有利可图，所以许多自耕农放弃种植粮食，转而大量种烟草。当时中国人对鸦片、罂粟还不是很熟悉，所以种植面积很有限，对耕地的占用也就很少。但是烟草种植却占用了大量的耕地，这让雍正皇帝很不爽。这位勤俭持国的皇帝和许多古代中国的皇帝一样，对种粮食有着异乎寻常的偏好，他对烟草挤占农作物耕地的现象十分忧虑，于是亲自下达了禁烟令。

许多人都说，雍正皇帝是中国历史上第一个禁烟的皇帝，这里的“烟”指的是鸦片烟。但其实，雍正五年的时候，这位皇帝首先颁布的禁烟令是针对烟草的，而不是鸦片。到了雍正七年的时候，才下达了针对鸦片的禁烟令，打击贩卖鸦片和私开鸦片烟馆者。从这个打击的顺序我们就可以明白，雍正考虑问题的角度并不是民众的身心健康，而是国家的粮食安全是不是受到了威胁。烟草对粮食生产的威胁最大，所以首当其冲地受到了打击，其次才是和烟草“一路货色”的鸦片。

雍正的禁烟令区分了药用鸦片和毒品鸦片烟，允许正当的药用鸦片的输入，只要贩卖者能够照药材纳税，官府就允许进口。制度听上去很好，但执行起来麻烦就大了。一些人打着“药材之用”的幌子，名正言顺地进口鸦片倒卖。

更糟糕的是，禁烟令在一定程度上改变了社会上吸食鸦片的方式。烟草彻底被禁，国内不生产，而鸦片走私者更多地选择纯度高的鸦片走私入境，反正也是违法，还不如选择利润高的商品。于是，人们吸食鸦片的方式从鸦片烟草混合吸食，变成了纯粹吸食鸦片。这下毒性可就大了，吸食者上瘾很快，身心受到的伤害也更大。此时鸦片已经变成了毒品，天朝开始出现大量的鸦片上瘾者，非鸦片不能解救他们的痛苦。

所以，吸食鸦片其实和饮酒有相似之处，酒是有度数的，从度数很低的香槟酒到度数很高的伏特加，大量喝度数高的酒，人就会酒精中毒；鸦片所含的生物碱等成分是有纯度的，纯度很低的时候，普通人吸食并无太大健康问题，纯度提高后，一般人吸食就会上瘾，健康也会大受影响。

酿成祸患的，不是喝不喝酒，而是喝下去了多少酒精；不是吸食不吸食鸦片，而是吸食了多大量的生物碱。历史上，许多主张彻底禁酒、禁鸦片的人根本没明白这一点。当然，清政府禁烟禁鸦片，主要还是从保障粮食角度考虑的。到了乾隆和嘉庆年间，禁烟令多次颁布，可是鸦片走私活动却越演越烈了。嘉庆皇帝明确禁止从外洋输入鸦片和在国内种植罂粟，可是却郁闷地发现，大清国的海关竟然有人私征鸦片税银，中饱私囊，让鸦片畅通无阻。

清朝前期，鸦片每年的输入量不到 200 箱；到了 1821 年，鸦片输入量已达 5959 箱；12 年后的 1833 年，输入量飙升到了 20486 箱；在鸦片战争前的几年，每年输入的鸦片已达 40000 箱左右。大清国的无数子民都变成了吞云吐雾的“烟鬼”，他们吸食鸦片上瘾后，鸦片也就成为了他们的日常必需品，就像茶叶在英国子民的生活中的地位一样。

输往中国的鸦片，基本上都来自英国的东印度公司。英国人在印度等地广种罂粟，提炼成鸦片后输出到中国，从中牟利。鸦片的出现让那些太平洋岛屿上的檀香木开始变得无人问津了，这主要是成本和收益造成的。

根据史料记载，1817 年一箱印度鸦片的生产成本仅有两三百卢比，而在中国的卖价可以高达 2600 卢比，鸦片贸易可谓暴利。相比之下，从遥远的太平洋岛屿上砍伐檀香木并运送到中国市场，虽然利润也可以翻番，但和鸦片利润十倍的收益一比，却是小巫见大巫了。太平洋海岛上的滥砍滥伐的木材生意就这样戛然而止，海岛的自然风光得以保全，这多少算是罪恶的鸦片给世界带来的一个小贡献。

鸦片对中英贸易的影响却是巨大的。鸦片贸易量的不断增加，让大英帝国终于有银子购买更多的中国茶叶了。两国之间的贸易额高速增长，到鸦片战争前夕，清朝已经由一个白银净输入国，变成了白银净输出国，国内的白银总量在不断减少。

清朝统治者终于坐不住了。我们翻看当时痛斥鸦片的文章，大多集中在鸦片让民众孱弱、精神萎靡上面，其实清朝官方并没有真的把健康问题当回事，因为许多清朝高官自己就吸食鸦片。第一个下达禁烟令的清朝皇帝雍正虽然不吸食鸦片，但是却对鼻烟和鼻烟壶情有独钟。上梁不正下梁歪，健康问题其实一直不是清朝官方考虑鸦片问题的主要原因。

白银大量外流，的确动摇了清朝的根基。我们在上一篇已经知道，在古代中国这样一个自耕农和农业为主的国家，白银不断地输入对国家的经济是有利的，而白银短缺会立刻给这个国家带来通货紧缩的灾难，明朝的灭亡很大程度上就是因为白银短缺。由于鸦片贸易，清朝现在也开始面临明朝末年的窘境。

其实清朝统治者最愤怒的，是每年中英贸易额那么大，但许多鸦片都是走私入境，官方根本就捞不到什么好处，如此一来，国库日渐空虚，他们就没办法花天酒地了，当然管理国家的费用也捉襟见肘。

大清国“烟鬼”与大英帝国“茶鬼”之间的关系剑拔弩张，事情已经到了非解决不可的地步。愤怒的“烟鬼”要采取行动了。他们会怎么做呢？

“茶鬼”觉得被“烟鬼”侮辱了

鸦片战争前夕，大英帝国“茶鬼”用印度鸦片换中国茶叶，日子过得很不错，并没有意识到“烟鬼”已经出离愤怒了。不过，英国国民中一些道德感很强的人还是对鸦片贸易予以了谴责。就连在第一次鸦片战争前夕出任英国驻华商务监督的义律，也觉得贩卖鸦片这种毒品是一种罪行，是大英帝国的耻辱。

在国内一些人士的压力下，英国东印度公司也曾有所收敛，在

1820年之前，他们很小心地把输往中国的鸦片量控制在5000箱以内，并通过中间商来销售鸦片，以避免各国人士的批评。但是1833年，英国议会作出了一项决议，取消了东印度公司独占对华贸易的特权，允许其他公司也介入对华贸易。这下可捅了大娄子，鸦片贸易最赚钱，许多公司开始疯狂地向中国倾销鸦片，根本不顾各方人士的感受。

贸易逆差越来越大，大清王朝终于下决心要禁烟了，1838年12月，林则徐被道光皇帝任命为钦差大臣，广州开展官方禁烟运动。临行之前，朝廷曾经就禁烟的方式进行过讨论，到底是应该从禁止鸦片进口入手，还是从禁止民众吸食鸦片入手。林则徐当时倾向于让民众不再吸食鸦片，这样就无人购买鸦片，也就不会再有人贩卖鸦片了，可谓从根子上解决了鸦片问题。道光皇帝很认同这个看法。

不知何故，林则徐到达了广州后，却决定收缴洋人的鸦片，采用禁止鸦片进口的手段解决问题。想想倒也合情合理，毕竟从民众的角度来禁烟，并非一朝一夕就能见效，而且枪口对准自己人，会给自己在朝廷和民间树立许多敌人，不论是对林则徐的禁烟行动，还是对他的官帽，都会有相当不利的影响。而枪口对准洋人，效果立竿见影，而且人们普遍有排外的心理，林则徐如果真和洋人叫板，甚至还会得到许多“爱国人士”的跟帖狂顶。

大清王朝打出了林则徐这枚棋子，而英国方面则是义律这颗棋子。前面已经提到了，义律此人并不喜欢鸦片贸易，但人在江湖身不由己，吃官家俸禄，只能给官家办事。在林则徐扣押商馆中的洋人，强迫他们交出所有鸦片的时候，义律亲自去商馆试图与清朝官员交涉，结果也被扣留了。

事情到了这一步，已经酿成了一个外交事故了。义律相当于英国派来的使臣，古语云“两国交兵，不斩来使”，在英国方面看来，这是对他们的严重挑衅。不过我们站在林则徐和大清王朝的角度看，这件事似乎没什么严重的。因为在那个时候，清朝依旧以天朝自居，把包括英国在内的所有外国一律视为番外小国，在外交上本来就不是对等的，因此扣押义律只是威慑一下这些蛮夷小邦，让他们知道一下天朝的威严而已。

义律此时决定息事宁人，对林则徐收缴鸦片的命令还是相当配合。他命令英国商人把手中的所有存货交出来，并自作主张，代表英国女王答应这些商人，国家会赔偿他们的损失。结果，2 万多箱鸦片摆在了林则徐的面前，这个数目令林则徐都吃了一惊，因为他原来期望这次收缴行动能收上来“六七千箱就足矣”。没想到啊没想到，这帮洋人居然藏着这么多货！

林则徐这下子满意了，而万里之外的“茶鬼”们却炸了锅。英国朝野一片哗然，不过议员们愤怒的焦点却还不是清朝的挑衅，而是：这些毒品贩子的损失，为什么要国家来赔偿？

议员们的想法，充分表明了当时的英国已经是一个现代国家，这个国家更讲究法治，讲究政治和经济领域的一招一式，都应该遵守游戏规则。至于虚无缥缈的国家尊严，议员们还真不是太看重。

义律单方面答应鸦片商人说政府会给赔偿，实际上却没有征得议会的同意，这是一种欺骗行为，议会自然是不答应的。事已至此，那些被收缴了鸦片的英国商人只能自认倒霉，而大英帝国这个“茶鬼”对待大清王朝“烟鬼”的态度，还算面子上过得去，并没有过激的态度。

首战告捷的林则徐再接再厉，要求这帮洋商签署保证书，保证他们不再向中国贩卖鸦片。这本来也无可厚非，类似于行业自律准则性质的东西，就像现在的牛奶行业自律声明，大家都不要往三聚氰胺里兑牛奶一样，哦，说反了，大家都不要往牛奶里兑三聚氰胺。问题的关键在于，保证书里有这么一条，如果违背了保证书上的条款，“人即正法”。

站在林则徐和清朝的角度，这是顺理成章的事情。因为清朝基本上是长官说了算，林则徐既然全面负责广东地区的爱国卫生禁烟工作，他同时也是这个片区的片警、居委会大爷兼人民法官，所以他在出台洋商自律保证书的时候，直接把法律惩罚条款也列上，这也是他的职责所在。

可对方却是已经进入法治社会的大英帝国，义律再糊涂，也不敢答应林则徐可以对英国商人“人即正法”。那时的英国法律已经相当尊重人的权利，所有嫌疑人必须经过正规的法庭审判，走相应的司法程序，才能判定有罪或无罪，以及罪行的轻重。虽然那时候警察抓人还不会说“你有权保持沉默，你现在说的每一句话都可能会成为呈堂证供”，但也绝对不能单凭官老爷一句话“人即正法”，然后犯罪嫌疑人就人头落地了。

义律不敢答应林则徐的要求，双方就此事陷入了僵局。僵局就僵局，事情似乎也没到不可收拾的地步。要说历史就是这么怪诞，1839年7月7日，一伙英国水手划船到九龙尖沙嘴的小酒馆喝酒，醉酒后闹事，打死了一位当地村民。林则徐按照清朝“杀人偿命”的惯例，要求交出一个凶手来抵命。义律抓了几名嫌疑犯，然后拉开架势说自己要亲自审理，只要确定了凶手，一定处死。

这伙水手本来就是被断了鸦片生意的商船上的人，这些英国商人因为上缴鸦片损失颇多，已经对义律很不满。义律在承受了很大压力的情况下，对嫌疑犯从轻处罚，并没有拉出一个人来抵命。而且义律也根本不敢把一个英国公民送上清朝的刑场，那样做简直就是蓄意谋杀，他知道自己国家的法律是怎么规定的。

这样的判决直接挑战了大清王朝的尊严，也挑战了林则徐的权威。愤怒的林则徐开始把外商驱逐出广州、澳门，并派出水师攻击停泊在大海上的英国商船，因为他确信那些船上还有鸦片。

但林则徐的做法，同样激怒了另一个傲慢的家伙——大英帝国。英国国内并不十分清楚英国水手杀人案，舆论的焦点集中在林则徐的做法上，认为他没有走正常的外交程序，就强行驱逐广东境内的全部英国臣民，这是对大英帝国的极大侮辱。鸦片贸易其实是小事，不让卖鸦片这种毒品，就不卖好了，大英帝国为了鸦片贩子打仗，不值得。但是，破坏了两国的自由贸易可是大事，一部分人觉得，是该用大英帝国的炮舰教训一下东方“烟鬼”了。其实，英国之所以这么看重“自由贸易”，恐怕还是因为怕自己的国民喝不到中国茶叶吧。

打仗也需要钱，大英帝国打仗，必须得到议会的批准，并给这场战争拨款。议员在对战争拨款法案投票时，271 票赞同，262 票反对，赞同票仅以 9 票的微弱优势胜出。就是这微不足道的 9 票，决定了历史将上演第一次鸦片战争，决定了一个古老的东方国家被迫打开了国门。

假使当时的清朝能够派出一个申辩团，把英国水手杀人案在英国议会那里陈述清楚，或者清朝皇帝写一封措辞和缓的信，告知对方本国一向热爱和平，愿意为世界和平贡献自己的力量，给自己多拉几票，这场战争未必就不能避免。可惜大清王朝不是现代国家，只是一味地按照自己的规矩出牌，不可能按照大英帝国认同的常理出牌。这是战争爆发的深层次原因。

鸦片战争的具体细节我们就不啰嗦了，在前面篇章我们曾经谈到，当皇家海军的炮舰攻陷镇江，掐死大运河漕运后，“烟鬼”终于低下了自己高昂的头颅，全部接受了“茶鬼”提出的各项要求：双方停战，缔结和平、对等的外交关系；中国开放 5 处港口通商；中国把香港岛割让给英国管理；中国赔偿英国的战争军费和商人损失；双方各自释放对方军民；英军撤出南京等地江面和沿海。

条约中除了提到要补偿商人被烧的鸦片货物的损失，再也没有涉及任何鸦片贸易的内容。贩卖鸦片到底合法不合法，也没有个明确的说法，而大清王朝的白银也依旧奔流出海不复回。

这事儿还没完呢。

种植园里的烟茶暗战

十几年之后，鸦片贸易变成了合法生意，这一方面是鸦片走私贸易继续猖獗，清政府依然只能看着白银在自己眼皮子底下滚来滚去，就是不滚进自己荷包，感到有必要截留一些白银给自己；另一方面清政府现在更缺钱了，因为太平天国起义席卷中国的南方，北伐的太平军甚至还剑指北京城，镇压这场起义需要大把的银子。

1858 年，清政府与英国人签署了《南京条约》的后续条约，允许鸦片作为“洋药”进口，每百斤纳税银 30 两。英国“茶鬼”欢欣鼓舞，这下既可以堂而皇之地用鸦片换茶叶，又不用负担道义上的责任了，这买卖现在合法了。

“茶鬼”高兴得太早了，枪炮要是能摆平所有问题，各国政府都让军人管理算了。就在清政府签署了鸦片贸易条约后的第二年，皇帝诏曰，云南省要对所产土药收税、抽厘，税金上交国库，厘金充作本省“剿匪”经费。

什么是土药？土药是与洋药相对的，洋药是进口的鸦片，土药则是本土的鸦片。其实早在鸦片战争前，由于市场需求不断扩大，种植罂粟成为相当有利可图的营生，于是在云南这种与印度气候类似的热带地区，人们已经开始尝试着种植鸦片。鸦片战争之后，内陆各省也纷纷引进这种堪称暴利的作物，罂粟开始在全国遍地开花。既然对进口的洋药开始收税，那么对本地的土药一视同仁地收税，补充国库，也就顺理成章了。

既然土药也得交税，那自然种植罂粟也就合法化了。中国农民自古勤劳，人数又多，土药合法的口子一开，大家纷纷种植，国产鸦片立刻冲击了进口鸦片的市场。进口鸦片量在 1879 年光绪五年的时候达到了高峰，年进口 8.3 万担，此后却逐年递减，中日甲午战争时，进口鸦片已经减少到 5 万担，到了大清王朝的最后一年，已经减少到 2.7 万担。进口鸦片在国产鸦片的紧逼之下节节败退（鸦片的计量单位 1 担约为 100 斤，而箱则因为鸦片产地不同而重量不一，基本上 1 箱鸦片比 1 担鸦片要略重一些）。

清朝末年，每年从土药、洋药收上来的税金、厘金加起来，超过了 2000 万两。大清王朝能够经历两次鸦片战争和太平天国起义的摧残却衰而不倒，在很大程度上是依靠了鸦片烟的税收收入的支撑，甚至后来各地训练新军的银子，也大都来自鸦片税收。

“烟鬼”开始自产自销鸦片烟，不用从“茶鬼”那里进口大量的鸦片了。“茶鬼”其实也没闲着，大英帝国作为海上贸易的霸主，自然也不愿意每天喝的茶叶垄断在手下败将——清朝的手中，玩经济咱大英帝国可是鼻祖，现代经济学之父亚当·斯密就是大不列颠人。

早在 1793 年马噶尔尼访华时，英国人就从中国带走了一些茶树和种子，希望能够引种到大英帝国去。在那个地理阻隔很严重的时代，英国人对茶树可谓一知半解，他们长期以为，绿茶是从绿茶树上长出来的，红茶是从红茶树上长出来的。甚至到了 1778 年的时候，一位植物学家向东印度公司提交种植茶树的报告时，还言之凿凿地说红茶适宜种植在北纬 26 度到 30 度之间，绿茶的种植范围在北纬 30 度到 35 度之间。

无知不可怕，对知识不重视才真正可怕。大英帝国显然是非常重视知识的国度，在茶叶种植方面，他们奋起直追。就在那位植物学家提交报告的时期，一位名叫罗伯特·福琼的英国植物学家历尽艰辛地在中国考察，把采集到的茶树种子放入用玻璃制成的便携式保温箱中，偷偷地带上了开往印度的轮船，那里是大英帝国的殖民地。很快，这珍贵的茶树种子在印度繁衍出10万株以上的茶树苗，一片片翠绿的茶园在印度的山岭上蔓延开来，大英帝国终于看到了打破清朝茶叶垄断的希望。

19世纪初，英国驻尼泊尔的领事发现，东南亚地区的阿萨姆人有饮茶的习惯，倍感奇怪，这帮穷乡僻壤里的土著人难道也从中国进口茶叶？后来才知道，原来阿萨姆人生活的地区临近中国云南，本来就生长着茶树，这就是所谓的印度茶树。此后，通过与缅甸的战争，英国最终吞并了长着茶树的那片地区。英国人在印度同时种植印度茶树和中国茶树，还从中国招募有经验的采茶工人到印度茶园工作。此外，英国人还把茶树引种到了斯里兰卡，也就是当年郑和下西洋的经停之处锡兰。斯里兰卡如今是世界上数一数二的茶叶出口国。

19世纪后期，另一个茶叶消费大国沙皇俄国也开始积极发展本土茶叶种植，从中国引进了茶苗，在高加索地区开辟出了茶园。直到今天，高加索地区仍然是欧洲唯一的重要产茶地区。

世界茶叶格局正在发生深刻的变化，可是大清王朝却无力做出应对。其实鸦片战争砸开国门之后，中国茶业一时之间竟然被大奖砸中了，欧美列强垂涎茶叶贸易的高利润，纷纷在几个开放口岸设立据点，大量收购中国茶叶，茶叶出口量几乎年年破纪录。到1886年，茶叶出口量达到了268万担，折算一下有13.4万吨，就是放在21世纪的今天，也可以在世界茶叶出口排行榜上名列第五！考虑到100多年前世界人口比现在少许多，消费力有限，中国茶叶当时真是风光无限。

清末茶业的繁荣不过是回光返照而已。当时的世界，苏伊士运河已经通航，分处大洋两边的国家已经被海底电缆紧密地联系起来，伦敦的商人可以随时了解中国、印度、斯里兰卡甚至非洲的茶叶行情，茶叶运输也更加快捷。在这样一个风风火火的世界茶业领域中与各种肤色的商人竞争，需要具备现代经营的理念和智慧，那些拖着辫子的中国商人虽然聪明睿智，但还没有学会站在世界市场的角度去经营。

鸦片战争后茶业出口量大增，激发了中国人广辟茶园的热情。就在英国人紧锣密鼓地在印度、斯里兰卡扩大茶叶种植面积的时候，中国人也大干快上，扩大自己的茶叶种植面积。茶叶市场的过剩迅速降临了，大家开始打质量战、成本战和价格战。

论质量，没有经过工业革命洗礼的中国茶叶无力与印度红茶抗衡；论成本和价格，印度、斯里兰卡的茶园不仅规模大，生产效率高，而且用工都是当地苦力，勤劳程度丝毫不逊色于江南茶农。在1886年达到顶峰后，此后的十几年，清朝的茶叶出口量迅速减少了约40%。继陶瓷业率先败退后，茶业也携手丝绸业一起从顶峰坠落到谷底。

古代中国三大出口创汇行业全军覆没，大清王朝依靠国产鸦片苟延残喘，这终究不是个长久之计。

“烟鬼”在当铺里彻底沉沦

让大清王朝后期由富转穷的事件之一是太平天国起义。即使是打输了第一次鸦片战争，当时的清政府的国库也并非空空如也，在1850年的时候，国库存银800余万两，虽然比起雍正皇帝的时候差了不少，但咱天朝好歹也还有积蓄。即使从 1853 年到 1863 年太平天国起义搅得天下大乱期间，国库中的存银平均下来，每年还能增加近 20 万两。

不过，表面上的盈余不代表国家经济的健康，正如当今世界各国为了应对金融危机而狂印钞票，政府每年好像赚了不少钱，但除掉通货膨胀，其实经济还下滑了。大清王朝在太平天国起义期间，应对危机的办法也是“狂印钞票”。当然，那时候市面上流通的货币不是纸币，而是铜钱和白银。

金属货币也是货币，它一样也会贬值的。1853 年开始，清朝开始铸造大量重量轻而面值却大的铜铁大钱。当时面值 1000 文、500 文的铜钱，其实原料加上铸造的总成本分别只有 114 文、90 文，这样的货币流通出来，相当于清政府只需要花 114 文钱，就可以从民间获得 1000 文的毛利。

从 1853 年到 1861 年间，清政府总共铸造了面值相当于 826 万两白银的铜铁大钱，同时还发行了大量的宝钞，也就是纸币。如今的金融危机期间，美联储做的那些龌龊事儿，清政府一样也没少干。通货膨胀的结果就是物价飞涨。短短 10 年间，大清王朝境内的茶叶价格上涨了 5 倍，猪肉上涨了 6 倍，香油上涨了 3 倍多，煤上涨了 4 倍。百姓的财富大幅度缩水，民怨沸腾。

清政府还颇具学习精神，看到西洋人的政府经常发发国债，自己也依样画葫芦，太平天国起义爆发的时候，清政府也尝试着发行国债。1853 年，国债发行试点在陕西、山西、广东展开，美其名曰“劝借”，就是向殷实之家“暂时挪借，以助国用”。借到钱后，发给出资人凭票，约定分年归还。甚至还规定，出资数额较大的民众，不仅本金返还，当地官府还要予以嘉奖，建坊给匾，这算是一种荣誉。

平定了太平天国起义后，按理说官府该还钱了。结果各省纷纷借口财政没钱，只愿意给出资人一些虚的名声，或者给个政府闲职当当。借款变成了捐款，这些民众被大清王朝结结实实地忽悠了一把。

靠通货膨胀和赖账获得的财政盈余，根本不具有可持续性，国库中的银子只代表过去收上来的钱，并不代表未来的经济运转可以带来财富。在茶叶出口和国产鸦片税收的助力下，清政府又过了一段好日子，但当国际经济环境恶化后，本国经济的虚弱无力就彻底暴露出来。1894 年甲午战争爆发，清政府立刻陷入了财政赤字的泥潭之中。1896 年，政府赤字高达 1292 万两白银。接下来又发生了义和团运动和八国联军侵华，战后的赔款让财政赤字再上新台阶，1903 年财政赤字达到了 3000 万两！

要不要再试试通货膨胀和借款呢？在三大出口创汇行业接连倒下后，即使乱发钞票，从陷入贫困的民众那里也已经搜刮不到什么钱财了。借款的方案清政府不是没有做过，1898 年推出了“昭信股份”，面向国内发行 1 亿两银子的债券，利息为 5%，以解燃眉之急。但是中国有句老话，有借有还，再借不难。太平天国起义的时候，清政府已经忽悠了一把民众，把借款变成了捐款，此时再推出昭信股份，你当民众是傻瓜吗？

清政府的人品已经用光了、透支了，昭信股份几乎无人问津，只销售了 1000 万两银子就草草停止。

有人指责清政府不懂金融，只知道搜刮了银子放在国库里，不知道以这些钱和未来的国家税收作为本金，去积极借款发展经济和军事，导致清朝最后垮掉了。同时期，大英帝国的国债占国家年收入的 70%，人家越借钱越强大，而守财奴清朝越攒钱越衰落。

这种指责只是看到了问题的表象，清政府在末年其实很有金融意识，英国皇家银行或者如今美联储玩的那些金融花招，清政府也大体上都会玩，太阳底下其实没太多新鲜事。清政府陷入赤字泥潭，本质上是人品问题，是诚信问题。一个没有国会限制其权力的皇帝和政府，难免会被权力冲昏了头脑，拿人品问题不当回事，肆意掠夺、强占民众的财富，最后弄得信用透支，再想从民众那里举债，门儿都没有。

清朝末年，清政府唯一能做的，就是出卖国家的主权，把国家的矿产、土地和其他资源作为抵押物，从洋人那里换来贷款，维持自己的一口气。他就像是一个破落家庭的子孙，频频出入当铺之中，把祖上留下的家产一件件地当掉，"烟鬼"在鸦片的烟雾中麻醉着自己。1911 年辛亥革命爆发，持续了两千年的帝制曲终人散，"烟鬼"终于走向了生命的尽头，一了百了。

尾　篇

钱眼里的历史风景

古代中国，从地理上讲，就是被一圈的高原、山脉围起来的两条东流入海的大河，以及大河两岸的耕地。

世界上没有任何两个国家是完全相同的，而中国尤其独特。古代印度虽然也是国土广阔的农业大国，但这个印度次大陆上的国度，东面和西面都是大海，国境线的大部分都是海岸线，中部却又有德干高原。古代欧洲的法国也算是个农业大国，但不论国土面积还是人口数量，比起古代中国的规模只能算是微缩景观。今天的俄罗斯面积广阔，但在古代漫长的岁月中却并不是一个国家，只是到了近代，它才扩张为世界第一面积大国，却因为国土大多靠北而严寒，在气候上与古代中国不可比拟，在人口上更是稀少。

所以，当我们打量古代中国的历史时，不能完全照方抓药，拿其他国家崛起或衰亡的经验教训来套用到中国身上。古代中国从一开始，就面临着与其他古国不同的地理格局。国家的疆域基本上被局限在那一圈高原、山脉和东南海岸线之间，国家内部可能会分裂，会割据，多次出现南北大对峙，比如南朝和北朝对峙，南宋和金对峙，但即使是统一的朝代，也基本上无法把自己的疆域扩张到那一圈高原、山脉之外。

唐朝最强盛之时，曾经向西越过亚洲之巅帕米尔高原，与兴起的阿拉伯帝国鏖兵于中亚，最终败退回高原、山脉圈以内；明朝曾经多次北伐蒙古，结果越打国力越衰，而蒙古各部却基本毫发无损，瓦剌一个防守反击，竟然兵临北京城下，差点儿要了明朝的命。元朝和清朝虽然帝国疆域越过了高原、山脉圈，但这两个朝代本来就是骑马民族建立的，他们的老家就在高原、山脉圈上，帝国扩大出来的领土只能算是他们入主中原时自带的行李。

地理格局决定了中华王朝只能在高原、山脉圈的内部折腾，一个由农业和大量农民支撑起来的国度，从经济上说，并不具备翻山越岭、开疆拓土的物质条件，如果非要逞强，“犯我大汉者，虽远必诛”，挥师数万劳师袭远，最后只抢来几匹汗血宝马，由于水土不服还都没在中原繁殖下去，吃亏的只能是自己。

所以，中国虽然经历了许多朝代，但有一个大体上的共同特点：凡是存在得比较长的朝代，即使立国之初也曾四处出击，但很快就会全面转向国内经济建设，尤其是农业建设，对外只是被动地防御。这其实和“气节、勇气、雄心”之类的词汇没有关系，即使皇帝才智平庸，只要他还算有理智，就会明白攻向蒙古高原或青藏高原太浪费钱粮物了，所得却微不足道。这就是所谓的经济理性，就像我们会在附近的农贸市场买棵大白菜，而不会穿越半个中国去买大白菜一样，经济理性这玩意，你懂的，一般的皇帝们也都懂。

透过经济理性铸造的钱眼，我们观察到了古代中国内敛的性格。所以秦始皇那样的旷世帝王才会在席卷六国之后，压抑下心中狂野的激情，在北方国境的山脉上默默地修建起长城，冷冷地与匈奴人对峙。这堵大墙给中华王朝的北方边疆立下了界碑，也在古代中国人的心中筑起了一堵低调的墙。

一方水土养一方人，这种内敛性格正是高原、山脉圈塑造的，从古代中国人的身上一直流淌到今天你我的身上。也正是这堵大墙所代表的理性思维，庇护了四大文明古国之一的中华文明在几千年中维持着自己的鲜明个性和文化血脉。

然而从秦始皇到清朝末年，历时两千多年，如果古人们都只是老老实实地呆在围墙之中，循规蹈矩地种庄稼，生儿育女，那么中国历史也就没有什么可以书写的精彩了，写来写去不过是高原、山脉圈里一些内容雷同的朝代相互替代，人们带着假面具彼此厚黑对方而已。

历史并非如此，围墙之内，总有烦恼。古代中国不仅有筑墙的人，也有破墙的人。破墙而出，开辟一片新天地，才是历史的精彩之处，也使得古老的中华帝国并没有陷入死循环之中，它其实也在不断地调整自身，试图突破束缚自己的围墙，那些自然的或是人为的围墙。

比如隋炀帝开凿大运河，为了整合长江和黄河这两条大河孕育的经济板块，杨广用举世无双的大运河打通了中华帝国的任督二脉，一举弥合了高原、山脉圈内长时间存在的南方和北方的裂痕。倘若没有杨广这种青春飞扬的君主，没有大运河构造的全国一盘棋的格局，中华王朝时不时地南北分裂是避免不了的。我们看看自从隋唐之后的历史，除了南宋还能勉强划江而治，支撑了 150 多年外，任何企图划江而治的政权都很快就土崩瓦解了。不仅全国的经济由大运河连成一片，南方人和北方人的心思也被连成一片，大家都对大一统的国度有了认同感。南北分裂问题基本解决了。

但高原、山脉圈的高墙岂是随意可以破解的，杨广的悲剧就在于屡次头撞北墙，非要霸王硬上弓地出击高句丽。此后唐太宗李世民也尝试着破墙，攻打高句丽，结果也是惨败。由地理环境孕育的农业经济模式，不允许中华王朝的君主在白山黑水、雪域高原之上肆意驰骋。破墙的任务留给了后来人。

明永乐皇帝朱棣与郑和君臣联手，尝试了另一种破墙的模式，那就是面向海洋，从海洋上寻找突破口。其实我们不能把破墙的创意完全归功于台上的帝王将相。早在郑和下西洋之前，民间商人为了发财的梦想，已经在海洋上打拼了几百年，这些民间的无名英雄在茫茫大海中的冒险远航，给后人突破中华王朝的围墙提供了宝贵的借鉴。

很可惜，郑和下西洋并没能开辟出一条直达欧洲的贸易路线，于是中华帝国仍然只能继续内敛、低调。

不过，从宋朝开始出现的钱荒烦恼，倒是真的从海洋方向得到了解决。美洲白银通过一次次的倒手，源源不断地从海外涌入了古代中国，激发了大明王朝后期江南的繁荣，以及后来的康乾盛世，这可以算是一种另类的破墙方式。西班牙人以及后来的英国人帮助古代中国在厚厚的围墙上凿开了窟窿，东方古国的经济与全球经济开始连通。等到清朝末年，洋务运动中各个仁人志士变法图强的行为，则是古代中国人主观上尝试着破墙而出，融入世界。

纵观中华文明三千年的历史，筑墙和破墙是永恒的主题。在大多数的岁月中，人们不断地筑墙，维持中华王朝的稳定，但稳定的同时，国家的隐疾也会逐渐积累，直到不可收拾。比如从汉朝开始的名门望族垄断仕途并瓜分国家税收权的局面，就曾掀翻了两汉一团和气的任人唯亲的牌桌，引发王朝长时间的大分裂和大动荡。

不在围墙中爆发，就在围墙中灭亡。隋唐时期，人们用任人唯贤的科举制改变了官僚体系的选拔机制，提高了王朝内部的管理水平。旧墙倒掉，新墙砌起，古代中国继续前行，也继续沉沦，等待又一次新的破墙行动从天而降。

铜钱，外圆内方，代表了古代中国人天圆地方的宇宙观。古代中国的历史似乎也浓缩在了小小的铜钱之中。在四方高墙之外，是可以让梦想自由飞翔的广阔天地，就看华夏子孙能不能、愿不愿、敢不敢突破围墙了。